谁从我的世界路过？

第2版

梁漱溟 著

当代中国出版社
Contemporary China Publishing House
2021年·北京

图书在版编目(CIP)数据

谁从我的世界路过? / 梁漱溟著 . -- 2 版 . -- 北京 : 当代中国出版社 , 2021.3
(梁漱溟作品系列)
ISBN 978-7-5154-1096-8

Ⅰ . ①谁… Ⅱ . ①梁… Ⅲ . ①梁漱溟(1893-1988)—自传 Ⅳ . ① K825.4

中国版本图书馆 CIP 数据核字(2021)第 003920 号

出 版 人　曹宏举
责任编辑　隋　丹
责任校对　康　莹
印刷监制　刘艳平
封面设计　观止堂_未　氓
出版发行　当代中国出版社
地　　址　北京市地安门西大街旌勇里 8 号
网　　址　http://www.ddzg.net　邮箱：ddzgcbs@sina.com
邮政编码　100009
编 辑 部　(010)66572264　66572154　66572132　66572180
市 场 部　(010)66572281　66572161　66572157　83221785
印　　刷　北京中科印刷有限公司
开　　本　720 毫米 × 1020 毫米　1/16
印　　张　16.25 印张　2 插页　185 千字
版　　次　2021 年 3 月第 2 版
印　　次　2021 年 3 月第 1 次印刷
定　　价　56.00 元

出版说明

梁漱溟（1893—1988）是现代中国著名思想家、教育家和社会活动家。他一生发表了大量有影响的作品；他坚持独立思考，特立独行，表里如一。人们在服膺他的思想的同时，尤为钦佩他的人格。

梁先生的著作多关涉人生和社会问题，读者从中不仅可以了解他的人生经历、人生观、价值观和政治主张，同时可以品味出他的崇高品格是如何造就的。然而一般大众往往无力遍读其著作，因此影响了对梁漱溟先生的全面准确的了解。为了帮助一般读者较为全面而便捷地了解梁漱溟先生的思想、经历、品格，我们编选了这套“梁漱溟作品系列”。

本书以《谁从我的世界路过？》名之，主要是梁漱溟先生回忆对其人生有重要影响和他所交往或接触的重要人物，从中不难看出中国近现代百年历史的一个侧面。

本书分四个部分，编选了梁漱溟先生在各个时期回忆故人的文章，正文总计31篇，另收一篇作为自序。所选文章原则上保留原题，除明显错别字外，作者的表述风格、文字均不做任何修改。

本书编选过程中，得到梁漱溟先生的哲嗣梁培宽、梁培恕二位先生的大力支持，并得到他们的出版授权。在此表示衷心感谢。

当代中国出版社编辑部

目录

代序：自传*

我生于甲午中日战争前一年（1893）。此次战争以后，国际侵略日加，国势危殆。1937年七七事变，我国又遭受日寇长达八年之久的入侵。我的大半生恰是在这两次中日之战中度过的。

我原名焕鼎，祖籍广西桂林。但自曾祖起来京会试中进士后，即宦游于北方。先父名济，字巨川，为清末内阁中书，后晋为后补侍读，其工作主要为皇史宬抄录皇家档案。先父为人忠厚，凡事认真，讲求实效，厌弃虚文，同时又重侠义，关心大局，崇尚维新。因此不要求子女读四书五经，而送我入中西小学堂、顺天中学堂等，习理化英文，受新

* 选自中国文化书院学术委员会编：《梁漱溟全集》（第七卷），山东人民出版社1993年6月第1版第1次印刷，第634—639页；原文录自《梁漱溟学术精华录》，北京师范学院出版社1988年6月第1版，第513—518页，并由梁培宽、梁钦东整理。——编者注

式教育。这在我同辈人中是少见的。由于先父对子女采取信任与放宽态度，只以表明自己意见为止，从不加干涉，同时又时刻关心国家前途，与我议论国家大事，这既成全了我的自学，又使我隐然萌露对国家社会的责任感，而鄙视只谋一人一家衣食的“自了汉”[①]生活。这种向上心，促使我自中学起即对人生问题和社会问题追求不已。于社会问题，最初倾向变法维新，后又转向革命，并于中学毕业前参加了同盟会京津支部，从事推翻满清的秘密活动。辛亥革命爆发，遂在同盟会《民国报》任外勤记者，因而得亲睹当时政坛上种种丑行。这时我又读了日人幸德秋水所著《社会主义神髓》，受书中反对私有制主张的影响，因而热心社会主义，曾写有《社会主义粹言》小册子，宣传废除财产私有制，油印分送朋友。

1913 年退出《民国报》，在革命理想与现实冲突下，自己原有的出世思想抬头，于是居家潜心研究佛典，由醉心社会主义而转为倾向出世。在此种思想下，1916 年我写成并发表了《究元决疑论》，文中批评古今中外诸子百家，独推崇佛法。随后我以此文当面求教于蔡元培先生，遂为先生引入北大任教。

1917 年起我在北大哲学系，先后讲授“印度哲学概论”、“儒家哲学”等课。此时正值“五四”运动前后，新思潮高涨，气氛对我讲东方古学术的人无形中有压力。在此种情势下，我开始了东西文化的比较研究，后来即产生了根据讲演记录整理而成的《东西文化及其哲学》一书。书中我提出了人类生活的基本方式可分为三大路向的见解，同时在人生思想上归结到中国儒家人生，并指出世界最近未来将是中国文化的

---

① 作者原意是“只谋一人一家衣食”。——编者注

复兴。这些见解反映自家身上，便是放弃出家之念，并于此书出版之1921年结婚。

随着在北大任教时间的推移，我日益不满于学校只是讲习一点知识技能的偏向。1924年我终于辞去北大教职，先去山东曹州办学，后又回京与一般青年朋友相聚共学，以实行与青年为友和教育应照顾人的全部生活的理想。

1927年在朋友的劝勉下，我南下到北伐后不久的广州。在这里我一面觉得南方富有革命朝气，为全国大局好转带来一线曙光，一面又不同意以俄为师，模仿国外，背弃中国固有文化的做法，因此我虽接办了广东省一中，但此时更多考虑的乃是自己的“乡治”主张。依我看来，由于中西文化的根本差异，唯有先在广大农村推行乡治，逐步培养农民新的政治生活习惯，西方政治制度才得在中国实施。1929年我在考察了陶行知的南京晓庄学校、黄炎培先生江苏昆山乡村改进会、晏阳初先生河北定县平教会实验区及山西村政之后，适逢彭禹廷、梁仲华创办河南村治学院，我应邀任学院教务长。这是我投身社会改造活动的开端。但因军阀蒋阎冯中原大战，开学未满年而停办。旋于1931年与同仁赴山东邹平创办山东乡村建设研究院。该院设研究部与乡村服务人员训练部，并划邹平县为实验区（后扩大为十余县）。实验区有师范、实验小学、试验农场、卫生院、金融流通处等。县下设乡学、村学。乡学村学为政教合一组织，它以全体乡民或村民为对象，培养农民的团体生活习惯与组织能力，普及文化，移风易俗，并借团体组织引进科学技术，以提高生产，发展农村经济，从根本上建设国家。此项试验在进行七年之后，终因1937年日寇入侵而被迫停止。

抗日战争爆发，发动民众与国内团结为抗战所必需，于是我开始追随于国人之后，也为此而奔走。1937 年 8 月应邀参加最高国防会议参议会，曾对动员民众事有所建议。1938 年我访问延安。这是我奔走国内团结的开始。访问目的不外考察国共再度合作，民族命运出现一大转机，共产党方面放弃对内斗争能否持久，同时探听同仇敌忾情势下，如何努力以巩固此统一之大局。为此曾与毛主席会见八次，其中两次作竟夜谈。关于对旧中国的认识，意见不同，多有争论。但他从敌友我力量对比、强弱转化、战争性质等分析入手，说明中国必胜、日本必败问题，令我非常佩服。1939 年留在西南大后方感到无可尽力，我又决心去华北敌后游击区，巡视中得到国共双方协助。经皖、苏、鲁、冀、豫、晋六省，沿途动员群众抗战，历时八个月，历经艰险。在战地目睹两党军队摩擦日增，深感如任其发展，近则妨碍抗战，远则内战重演，于是返回四川后方，除向国共双方指陈党派问题尖锐外，更与黄炎培、晏阳初、李璜等共商组织“统一建国同志会”，以增强第三方面力量，为调解两党纷争努力。1941 年年初，皖南事件爆发，国内团结形势进一步恶化，遂又与黄炎培、张君劢、左舜生发起将“同志会”改组为“中国民主政团同盟”（民盟前身），同时被推赴香港创办民盟机关刊物《光明报》，向海内外公开宣告民盟的成立。不料报纸创刊仅三月余，即因日军攻占香港而停刊。我不得不化装乘小船逃离香港，来到桂林。在此我负责民盟华南地区工作，边从事争取民主、宣传抗日活动，边从事写作。

1945 年 8 月日军投降，抗战宣告结束，两党领导人又会晤于重庆。眼见敌国外患既去，内部问题亦可望解决，我即有意退出现实政治活动，而致力于文化工作。及至参加（重庆）政治协商会议，协议告成，我更以为中国步入坦途在望，于是托周恩来先生带信给毛主席，说明自已退出现实政治之意，同时发表《八年努力宣告结束》等文，向社会表明心迹。因未获毛周二位谅解，我于 1946 年 3 月再度访问延安。但时局旋即恶化，我不得脱身，反被推任民盟秘书长，参与国共和谈。至 1946 年年底，终因国民党决心发动内战，和谈破裂，我即辞去秘书长，去重庆北碚，创办勉仁文学院，并在此讲学和完成了《中国文化要义》的撰写工作。书中总结了我对中国历史和文化的见解，并指出“中国文化之伟大非他，只是人类理性之伟大。中国文化的缺欠，却非理性的缺欠，而是理性早启、文化早熟的缺欠”。

全国解放，1950 年我由四川来到北京，得与毛主席多次谈话，表示愿在政府外效力国家，并建议设中国文化研究所，或世界文化比较研究所，终因故未能实现。1952 年为对解放前的思想与政治活动做一番回顾与初步检讨，写成《我的努力与反省》一长文。1953 年 9 月在中央人民政府扩大会议上发言，受到毛主席严厉批评。1955 年批判更在全国展开。自此以后我即将主要时间与精力投入著述之中。

1960 年着手写《人心与人生》一书。这是早自 20 年代即酝酿于心的著作，自认为最关紧要，此生定须完成。不料因“文化大革命”开始，参考书尽失，写作工作被迫中断。于是在抄家未逾月的困难情况下，另写《儒佛异同论》及《东方学术概观》等。至 1970 年，才得重理旧业，续写《人心与人生》。但不久又逢“批林批孔”运动。因我坚持“只批林，不批孔”，为大小会所占去的时间更多，写作近于停顿。至 1975 年中，此书终告完成。如在此书《后记》中所说，“卒得偿夙愿于暮年”，了却一桩心事，而我的著述活动也随之基本结束。

最后，我以《中国文化要义》自序中的一段话，作为此文的结束语：

“就以人生问题之烦闷不解，令我不知不觉走向哲学，出入乎百家。

然一旦于人生道理若有所会，则亦不复多求。假如视哲学为人人应该懂得的一点学问，则我正是这样懂得一点而已。”“卒之，对人生问题我有了我的见解思想，更有了我今日为人行事。同样地，以中国问题几十年来之急切不得解决，使我不得不有所行动，并耽玩于政治、经济、历史、社会文化诸学。然一旦于中国前途出路若有所见，则亦不复以学问为事。究竟什么算学问，什么不算学问，且置勿论。卒之，对中国问题有了我的见解思想，更有了今日的主张行动。”

回顾过去，我就是这样跋涉在自己的人生征途上。

第一部分 思亲记

思亲记 *

十四年春，漱溟既自曹州还京师，客清华园，始谢绝外务，出先公遗稿校理而纂次之。事既，又成年谱一卷，并付印，敬以布之当世；其去公之捐生遂志，盖已七年矣。呜乎！漱溟之不肖负罪，顾胜言哉！顾胜言哉！每于理稿次，辄手遗稿俯思而痛，作思亲记。呜乎！漱溟之负罪吾亲也，独在今日哉？吾亲肫爱人也。孝于其亲，慈于其子，胞与乎天下，靡在不致其肫肫款款；则儿子之仰被顾复，其奚待于申说区数？吾亲又周匝谨细人也。每事无在不运以神思，躬其琐屑。吾兄弟姐妹四人，盖一一长于公之手。溟生而瘠弱，又多罹灾病，公之育之也，独难矣！六岁踬于石阶，洞其额骨，绝焉，既苏，养息之。公为多列玩具枕

---

* 选自中国文化书院学术委员会编：《梁漱溟全集》（第一卷），山东人民出版社1989年5月第1版，1994年12月第2次印刷，第513—518页；原文录自《桂林梁先生遗书》（卷首），商务印书馆1927年6月第1版。——编者注

前，引与嬉笑。此景思之常在目。十岁生疖疡，在额，在臂，在股，在足，隆起如枣大者七数。不得坐，不得立，并不得卧，日夜啼。公煮白米粥哺之半年。此景思之常在目。呜乎！公之育之也，为独难矣！公之于少子，又所深爱焉。溟年十四五以讫十八九间，留心时事，向志事功，读新会梁氏所为《新民说》、《德育鉴》，辄为日记，以自勉励。读广智书局印行《三名臣书牍》、《三星使书牍》，独慕胡文忠郭筠仙，每称道其语。公喜曰："是何其肖我少年时所为也！"为书以嘉之，锡字曰"肖吾"；是已酉春间事。时漱溟年十七，肄业顺天中学，寄宿校中。爱之至矣。然语四子之侍亲，则至悖无状者漱溟也。噫！痛已！方公幼失怙，受吾祖母刘太恭人教，礼法綦严。恒终日侍立，不敢发一语。有不庄，诃谪扑责无少贷。由是持躬立品，植其基础，然天机才慧亦以是不无窒损。其后公有省于此，念之而自惜。既壮有子，则一意宽放之，亦入于新教育家言，不加扑责。溟兹追忆从前，盖竟不得遭扑挟者一事也。然因是儿辈无复知有悚惕敬礼。迨晚年，尝一日饭罢燕谈，儿辈或转在上座，而公在下。公乃太息曰："我昔不以礼相督，不图尔曹遂亡知如此！"呜乎！儿子平日之无状可知已！公尤好与儿辈共语，恣之言，一无禁。吾兄既早就外傅，及长又出国游。两妹则女儿稚弱，健言者，唯嗽溟。公固关怀国家，溟亦好论时事，于是所语者什九在大局政治，新旧风教之间。始在光宣间，父子并嗜读新会梁氏书。溟日手《新民丛报》若《国风报》一本，肆为议论，顾皆能得公旨。洎入民国，渐以生乖。公厌薄党人，而溟故袒之。公痛嫉议员并疑其制度，而溟力护国会，语必致忤。诸类于是，不可枚举。时局多事，倏忽日变，则亦日夕相争，每致公不欢而罢。然意不解，则旋复理前语。理前语，则又相持。当午或为之废食，入夜或致晏寝。既寝矣，或又就榻前语不休。其间词气暴慢，至于喧声达户外者有之。悖逆无人子礼。呜乎！痛已！儿子之罪不可赎已！而溟自元年以来，谬慕释氏，语及人生大道，必归宗天竺，策数世间治理，则矜尚远西，于祖国风教大原，先民德礼之化，顾不知留意，尤大伤公之心。读公晚年笔墨，暨辞世遗言，恒觉有抑郁孤怀，一世不得同心，无可诉语者。以漱溟日夕趋侍于公，向尝得公欢，而卒昧谬不率教，不能得公之心也。呜乎！痛已！儿子之罪，罪弥天地已！逮后始复有寤于故土文化之微，而有志焉；又狂妄轻率言之，无有一当。则公之见背既三年矣，顾可赎哉？顾可赎哉？溟又以慕释氏故，辄从其戒条，茹素不婚，以出世自励。于时吾兄既成室十年而无子；公垂老，又怀决然遗世之隐志，终不得见嗣续之延。虽曾无一语示督责，而于邑含忍在衷者从可想。儿子之罪，不益以重耶！后三年纳妇，庙见，率新妇拜公遗象而哭。呜乎！是乌可赎哉！始在宣统间，溟年十七八，辄不愿有室。时先妣久病，自知不起，挽儿手而泣，开喻叮咛，情词甚切。儿重违母意。请如教，而有难色。公旁坐独无语。明日以书示之曰："汝母昨日之教，以衰语私情，堕吾儿远志；失于柔纤委靡，大非吾意。汝既不愿有室，且从后议。不娶殆非宜，迟早所不必拘耳。"盖公于子女一身前途，但有自度于其衷者，则发虑陈情无弗纳。其或未可，则公固自有意向，隐然诏示，力持不移，俾之旋省平思，潜移默转，而不欲强其相从，大都类是。释氏之教，公所不喜也。溟年二十，日诵其言，公未尝一言止之。其时溟才卒业中学耳，学业半途无成，竟不更为升学计，公未尝一言督之。然而公之所以为教者至已！其卒不率教者，则儿子乖谬，不能承公志耳！吾国礼教之极弊，既于子女诎抑过当，致拳曲无以自立其人格。家庭间或外观仪雅，而内各茹痛于隐，隔阂不仁。比及挽岁，又被欧风，簒乱旧俗，亲子之分际至难已。

公之为教，独使情余于礼，意得自通，而教之有道，其间分际斟酌，盖有足为一世法者。世其无以漱溟之负教不才，而没公之楷则焉，则儿子之罪或少纾耶？戊午十月，公既不惜以一死寤世人，遗言诸稿皆心血所在，纂辑之责溟既引之于己。顾迟之七年而后辑印行世，是岂可以人事羁牵相诿谢耶？盖不能以公之心为心，于公之精诚未云有喻。喻矣，于公精诚之所诣未能澈达无间，则犹未喻也。故虽时时在念，终赴之不急。而谬博时名，外缘日以缠绕；所与接者既在彼而不在此，故虽念之辄怀疚，而旋念旋忘。七年之间，卒卒役役，诚不知其所为者何事，竟置此一大事于不顾！呜乎！公在天其不瞑目矣！儿子之不肖负罪极矣！即欲自诛自责，诚不识当作何语。每于理稿次，辄俯思而痛；虽百死其安赎也！虽然，往事不可追，敢不知勉于今。窃自循省，起年十四五知有思想以来，尝数变其宗旨，顾二十年间，实未尝敢一妄自菲薄，然一向以浅衷矜气行之，盖无往而不负罪抱疚矣。去岁之冬，赖朋友之力，寤其昔非，始一一有悔心焉。公在天之灵其相之矣！既谢外务读公书，日夕回环，所得有在二十年趋庭侍膝之外者。或者自今其始为奉吾亲之教耶？呜乎！天下溺矣！公之志苦矣！饥溺恻怛，精诚之所诣，终启儿子矣！儿子虽劣，自今以往，其敢忘吾亲之志？不孝漱溟记于勉仁斋。

先父所给予我的帮助*

我从小学起一直到现在，回想一下，似乎不论在什么地方，都是主动的；无论思想学问做事行为，都像不是承受于人的，都是自己在那里瞎撞。几乎想不出一个积极的最大的能给我帮助的人来。我想到对我帮助最大的最有好处的，恐怕还是先父。

先父给我的帮助是消极的，不是积极的。我在《思亲记》上曾说到这意思。我很奇怪，在几十年前那样礼教空气中，为父亲的对儿子能毫不干涉。除了先父之外，我没有看见旁人的父亲对他的儿子能这样的信任或放任。恐怕我对于我自己的儿子，也将做不到。先父对我的不干

---

* 选自中国文化书院学术委员会编：《梁漱溟全集》（第二卷），山东人民出版社 1990 年 3 月第 1 版，1994 年 12 月第 2 次印刷，第 76—78 页；原文录自《朝话》，1937 年 6 月首次由山东邹平乡村书店出版，现收入本书所据版本为商务印书馆 1940 年 12 月第 1 版。——编者注

涉，最显著的有三点：

（一）我在中学将要毕业的时候，一面考毕业试验，一面革起命来。本来在未毕业时，已与革命党人相通，毕业后便跟着跑革命。到第二年民国成立，照普通说，这时应当去升学，不应当去干没有名堂的把戏。——我们那时的革命，虽也弄什么手枪炸弹，但等于小孩子的玩意儿，很不应如此。而我不想去升学，先父完全不督促，不勉强我。先父的人生思想是向上的，有他的要求主张，可是他能容纳我的意思而不干涉。何以能如此？我现在还完全想不到。

（二）后来我由政治革命，由社会主义转到佛家，自己终天东买一本佛书，西买一本佛书，暗中自去摸索——这也是主动的瞎撞，一直瞎撞若干年。——先父也不干涉。先父有他的思想，他自以为是儒家的，可是照我的分析，先父的思想与墨家相近，可说表面是儒家而里面是墨家的精神，对于佛学很不喜欢。我既转向佛家，我就要出家，茹素，不娶妻，先父只将他的意思使我知道，而完全不干涉我。这就成就我太大。那时我虽明白先父不愿的意思，但我始终固执，世界上恐怕找不出像我这样固执的人来。

（三）就是不娶妻。这事在他人非干涉不可。我是两弟兄，我哥结婚十年，没有儿子。照普通说，老人都很盼望有孙，尤其先父自民国元年至民国七年间，始终抱殉道之念——不愿苟活之意，自己存心要死，又当晚年没看见孙，有后无后将不知道。在普通人情，一定要责备我。可是先父半句责备的话都没说。就是我母亲在临终之前，告诉我不要固执己见，应该要娶亲；而先父背后告诉我说：虽然母亲意思如此，可不一定依照，还是以自己意思为主。民国七年先父在要殉节的时候，仍无半句话责成我要结婚，他是完全不干涉。这个信任或放任——这放任非不管，另有他的意思，即于放任中有信任。——给我的好处帮助太大，完全从这消极的大的帮助，让我有后来的一切。大概在先父看到这一点：这孩子虽然是执拗错误，但自己颇有自爱要强的意思，现在虽错，将来可“对”，这“对”可容他去找，现在不要干涉。先父的意思，恐怕就是这样。

悼亡室黄靖贤夫人*

在我的夫人故后第三天，我凝敛心神，要写一篇悼亡的文章。因为白话文似较浅露，不如文言能做到深厚沉重的意境，于是就用文言来写。但卒以琐事牵扰，文言又比较费事，现在乃改用白话来写。想先将我和我夫人的感情关系，我夫人的为人，大略叙出，俾开吊时得以分给亲友看。

我夫人姓黄，原名婧媄（听说她故去的大哥给她起的），民国十年与我订婚，我提议改用靖贤两字，就以此为定。她家是北平汉军旗籍人。二十八岁时和我结婚，时为民国十年，十一月十三日。二十四年八月二十日卒于邹平。得年四十二，跟着我共十四年。我尝为文讲中国伦

* 选自中国文化书院学术委员会编：《梁漱溟全集》（第五卷），山东人民出版社1992年8月第1版第1次印刷，第750—755页；原文1935年8月24日作于邹平，刊发于《中央日报》（上海版）1935年9月21—24日。——编者注

理之义，有几句说：“人必亲其所亲。人互喜以所亲者之喜，其喜弥扬。人互悲以所亲者之悲，悲而不伤。外则相和答，内则相体念，神形相依以为慰，斯所谓亲也。”（《中国民族自救运动之最后觉悟》）我自得靖贤，又生了两个孩子，所谓人伦室家之乐，家人父子之亲，颇认识这味道。现在靖贤一死，家像是破了，骤失所亲爱相依的人，呜呼！我怎能不痛呀！我怎能不痛呀！

起初我为倾慕佛家出世的道理，吃斋素，年近三十不娶。民国十年，作《东西文化及其哲学》之讲演后，始有意室家。友人伍庸伯先生（观淇）问我择妻的条件如何。我回答说：在年龄上，在容貌上，在家世上，在学识上，我全不计较，但愿得一宽和仁厚的人。不过，单是宽仁而缺乏超俗的意趣，似乎亦难与我为偶；有超俗的意趣，而魄力不足以副，这种人是不免要自苦的；所以宽仁超俗而有魄力者，是我所求。这自然不容易得，如果有天资大略近乎这样的，就是不识字亦没关系。伍先生面有喜色，说：你真能这样彻底吗？当真能够这样，那我现在想介绍的人，倒或者可以当意的。于是他就介绍他夫人的胞妹给我——就是靖贤。黄氏先世，做过旗籍武职，她的父亲，大哥，三哥故后，又以民国渐不发旗饷，家况甚苦。她没有什么求学的机会，不过粗识几个字。年纪已到二十八，还不曾说定人家。我平素极不喜旗人，当时对伍先生表示怀疑。伍先生说她没有“旗习”，他们亲戚两家合租一小房住，朝夕见面，他十分知道的。我又要求会面，先做朋友再订婚。伍先生说她家里守旧，恐怕做不到。但伍先生见我非会面不愿商量，终究设法介绍我在他家见一次面。她的衣履装饰，极不合时样，气度像个男子，同她的姐姐伍夫人站在一起，颜色比姐姐反见老大。凡女子可以引动男子之点，在她可说全没有。就在这匆匆一面后，我们便订了婚。

这婚订的这样容易，在我自己家里人和一般亲戚，都觉得诧异，而在我实经过了一番考虑。第一我想：我大概不会从交游女朋友中自己择婚的，势必靠旁人为我留意；旁人热心帮助我的，自亲兄妹以至远近长辈亲戚亦很多，但究不如相知的师友其眼光可以与我相合。我反问我自己，如果当真着重那些性情秉赋的条件，就必须信托师友；而朋友中伍先生所说的话，尤值得考量。第二我想：伍先生的话，在他自己是绝对真实的，我可以相信。他的观察力假令再有半数以上的可靠，那么，这女子便亦很有可取了。同时我想到，我先父假令在世，一定乐意这事。因为先父的脾气，每喜对于真有点价值可取的人，埋没风尘，众所不识者，特别识拔，扬举出来；他要主张我娶这女子，是可揣想得知的。第三我想到：我们那天会面时，伍先生当下径直点破见面为的议婚，而他则盼望我们一议而成，马上结婚，实在太唐突了这女子。如果婚姻不成事实，殊觉对不住她。于是就这样决定了。

既婚之后，渐觉得新妇不符合我的希望。她于妯娌姑嫂或其他人之间，仍不免以小事生气，至于气得心痛，不见有越过一般人的宽大气量。而妇女们好时髦装饰的心理，似亦不能完全超越过去，而无所计较。我慢慢觉悟我以前的要求，太涉理想，实是与妇女太少接触，缺乏经验。妇人天然是要心量比较狭窄的，妇人天然是多注意外表的（此理均另详），一例皆然，不能怪哪一个。又觉悟择妻只注意其天质一面，不注意后天条件，失之太偏；后天的读书为学，未尝不可扩充心量，变化气质。且如我好读书，用思想，而她读书太少，不会用思想，许多话都不会谈，两个人在意识上每每不接头，亦是不应该的，因此在婚后的十年内，彼此感情都不算顶好。大体在她对我先后差不多，总是爱惜照护；在我对她的感情，则好恶升降，多有转变不同；总是在一处，日子多了不免有怄气时，离开一阵又好一些。但一年一年亦趋于稳定。一面由日久我慢慢认识出她为人的长处，一面我亦改正了我自己不对的地方。不想到年纪越大，彼此爱情倒增加起来，在四十岁过后的两三年，是我们夫妇间顶好的时代。

靖贤的为人，在我心目中所认识的，似乎可用“刚爽”两个字来说她。见好于人，向人献殷勤，是她最不做的事。于平常人所贪慕的一切，她都很淡；像是没有什么是她想要的东西。在这两点上，我自省都不如她（即我有时不免向人献殷勤，我不免有所贪慕）。说了话便算，打定了主意便不犹疑，遇事情有判断，说什么就干什么，亦是她的长处。她常常讨厌我反复，说了话不算，遇事没有准主意。我真是徘徊顾虑性最大的人。我常常胸中空洞无一定的意思，计虑周至，能看见正反两面的理，左右不同的路，一时倾向于此，一时倾向于彼，诚亦事所不免。这爽利与徘徊，几乎成了我们十几年每次起冲突的症结所在。然而靖贤的爽利，毕竟可爱呀！和刚爽相连的就是正直，少弯曲，坦白，干净，信实与信义等好处；我恒愧不如。

我虽受许多朋友的推崇奖掖，以至许多不曾见面的人或不熟识的人，过分推想我人格如何伟大；但在家里我夫人眼中，却并不高。她眼看我似乎是一个有夸大的志愿，而不甚踏实的人；虽说有心向善，向善心到底不强。她常常指摘我的毛病，除了上面所说好反复一点外，大概有三点是时常说到的。一点是我说话太狂夸，自视太高，自信太强，她极表示反对。一则认为这是没有理由可以承认的；一则认为这于个人德性是不很好的。一点是我做事待人不真忠厚，不过大体像忠厚罢了。还有一点是我永不认错，碰了钉子仍不回头，执拗不听人话。她指摘我的，都不算冤枉。说我不真忠厚，有时亦能说得我心服。唯有夸大与执拗，我虽无法否认，但无奈这两点似乎是我生命中的要素呢！（我相信这是从我的长处而来的流弊）从她对我的批评态度，见出她读书虽少，而胸中有义理境界；虽是妇人，而气概不凡。尤其是她说我不真忠厚，向善心到底不强两点，使我敬惮。

我们的感情的好转而稳定下来，就在我认识得她的长处，而肯定她的人格价值的时候。以前亦有很要好的时候，但似多从两性相互的需要上来，以及其他的彼此辅助照顾而来的好感；但总有一个使我们不好的因素在，所以总不稳定。这个原因，就是我未发见她的人格价值，意识隐微中有点不满，看见旁的异性有时生羡慕心。她的好处，是天生的，不从学问来；但非有学问的人不能认识她的好处。前些年我尚没有如今的眼光；而初婚几年，男女情欲重，家庭俗务多，种种琐碎的刺激牵忧，又遮蔽我的眼；还有择婚时不注意后天条件的后悔意思，为遮碍不小。及至遮蔽渐去，我自己亦有点长进，对她的人格价值，暗暗点头，感到满足，反而觉得只有她配做我的妻子，不知怎的，从前对她女性的羡慕心，以至好色冲动，仿佛都没有了，心理改归纯正，只有一片好意对她，非常单纯。这时她感觉到我待她和以前不同，曾痛哭过一次（似在民国廿一年或廿二年），责数我以前待她的不对，像是多年积闷，为之一吐。在这里我真是负着非常的愧歉呀！如果她不死，我还可以补赎；她死了，我怎能补赎呢！呜呼！

所以最近两年，是我们最好的时候；也许到了最好的时候，就是要分离的征兆。然而在最好的时候分离开我们，我怎能不痛呀！呜呼！天哪！

她这次的死，亦是我对不住她。她从民国十九年冬间，廿年春间，连续两度小产之后，身体亏弱万分，曾表示不要再生产，我亦同意，因此有三年多不曾怀孕。不料去年身体渐好，未免大意。我戏言：我们有两个男孩，本已满足；但我更希望得一小女儿，到我年老时侍候我。于是有这次的怀孕。怀孕又是难产，西医说是“前置胎盘”，最不好办的；卒以不救。呜呼！这不是我害的吗！

除了上面所说歉罪处之外，我最大的愧歉，是以她这样天生的好质地，而十几年间未能领她作一点学养工夫。将日子都空过了！将好质地都白费了！这真是我对不住她之大者！

我转回来想，在天安排我两人的关系上，亦许靖贤是纯粹落在牺牲地位以成全我的吧！她最先成全我的，是到我年近三十才来我家，给我很大的机会为思想上创造努力（不必多，假令早结婚三五年，《东西文化及其哲学》未必能成）。婚后的十四年间，使我藉以了解人生，体会人生。并从她的勤俭，得以过着极简易的生活，俾我在社会上能进退自如，不用讨钱养家，而专心干我的社会运动。在这中国问题极度严重的时际，她又早早离开我，给我以爽利的身子，容我以全副的精神，对付大局问题，为社会服务。——我此后决不续娶，不在纪念她的恩义，表见我的忠贞；而在不应该糟蹋她留给我的这个机会。我将有以用我这机会，改变我的生活。所以我今后为社会的努力，任何一分的努力，我将使知交诸友都认识这是出于我靖贤的成全。这或者是我于万分对不住靖贤之中，求得一个补赎的路吗！

记念先妻黄靖贤 *

先妻黄氏靖贤 1935 年 8 月 20 日病故于邹平，我曾有悼亡之文，今不存[①]。但记得我于靖贤之为人尝以“刚爽”二字表出之，盖纪实也。据闻其年少之时，身体健壮，气概一如男儿，绝无女儿羞怯态，有“小山东”之称。（注：距今七十年前，北京市民都饮用井水，率由山东壮汉担送来家。）又尝闻靖贤自言，平素夜晚就睡，或侧身向左而卧，或侧身向右而卧，其姿势直至次晨睡起一无改动，从未有辗转反侧之事。是殆其胸襟坦荡，无系着，无扰动之证乎。又言对于男女婚姻问题虽自己

---

* 选自中国文化书院学术委员会编：《梁漱溟全集》（第七卷），山东人民出版社 1993 年 6 月第 1 版第 1 次印刷，第 430—433 页。——编者注

① 当时著者疑为不存，后觅得，并收入中国文化书院学术委员会编：《梁漱溟全集》（第五卷），山东人民出版社 1992 年 8 月第 1 版第 1 次印刷，第 750—755 页。——编者注

年齿加长，从未萦心在念，唯临到二十八岁那一年忽而映现脑际，而即于是年与我结婚云。

我们结婚之年，靖贤二十八岁，我二十九岁，伍庸伯先生实为媒介。1921年（民国十年）夏，我应山东教育厅之邀为暑期讲演于济南，讲题即为《东西文化及其哲学》。讲毕回京写定讲稿准备付印，正在闭户孜孜而伍先生忽枉顾我家，愿以其妻妹介绍于我，征询我的要求条件如何。我答：我殆无条件之可言，一则不从相貌如何上计较；二则不从年龄大小上计较，三则不从学历如何上计较，虽不识字者亦且无妨；四则更不需核对年庚八字（注：旧俗议婚两方互换庚帖，庚帖上载有生辰八字）。当然，亦非尽人可妻。我心目中悬想得一宽厚和平之人；但其人或宽和矣，而无超俗之意趣，抑何足取？必意趣超俗者乃与我合得来。意趣超俗矣，而魄力不足以副之，势将与流俗杆格而自苦；故而要有魄力才行。我设想以求者如是如是。伍先生笑曰，你原说无条件，你这样的条件又太高了。然而我要为你介绍之人却约略有些相近。其时我一心在完成手中著作，未暇谈婚事，且询知伍先生娶于旗籍人家，虽属汉军旗而袭染满洲人习俗，我夙所不喜，当下辞谢其介绍之好意。

其后既卒于订婚而成婚，成婚之夜我为靖贤谈及上面说的宽厚、超俗、魄力三点。她不晓得魄力一词，问此二字怎样写，正为其读书不多，超俗云、魄力云，非所习闻也。

于此，宜一谈伍先生的婚姻。满汉通婚，清初有禁。入民国后，满人或冠汉姓，满汉分别渐渐泯忘。然一个广东人的伍先生而缔姻北京旗籍人家则亦有其缘由。先是靖贤及其胞姊敬如女士——即后来的伍夫人——同学于某一蚕桑学校，而伍先生陆军大学同学张国元之妻适亦就学其间。张妻来自粤省西南隅（似是合浦县）之偏僻农村，其人既拙笨复憨态可掬，同学每欺侮戏弄之以取笑。靖贤姊妹见其受窘，恒卫护之，以是相亲昵。课余既有往来，经国元之父张翁为媒而伍先生与敬如的婚姻得成就焉。

靖贤少于其姊两岁，而婚姻成就差迟七年。论面貌、体态、神情姊氏转而显得年少，其各自禀赋不同而随之以时运不同乎。靖以 1921 年归于我，1935 年去世，相处 14 年间，深知其生性淡泊寡求。七情六欲固人所同具，而靖之表现恒于质直中见消极。例如亲友见面或分手之时，都有许多虚情客套话，而靖独以木讷出之，巧言令色所不屑为也。然其赋性消极则年寿不永之征。

昔人有云“中年丧偶大不幸”，我于靖贤之逝乃始有味乎其言。假使人当三十岁前后遭遇乎此，虽然悲伤乃至痛悼，却易于渐渐浑忘。若在暮年老朽时，则此属意中之事或亦无甚凄惨。唯独在中年有难于忘怀者。

我之不忘靖贤者，靖贤为我留下两个好儿子，两儿失母之年，培宽十一岁，培恕八岁。我既以致力社会运动，奔走四方，不遑宁处，两儿唯赖靖贤抚育成长。两儿虽无过人之资，却亦各有才品，四十年来在社会培植下各有专业，为国服务。最难得的其兄弟友爱之情自童稚至于今而弥笃。各自成家后，妯娌以至诸孙雍睦无间，使我耄耋得此，独非靖贤之赐乎。

然而莫设想我们家庭生活总是和乐融融的。靖贤之为人既秉消极气氛，而较之通常人则有些乖僻，又往往态度生硬。所幸我常常不在家，别时多于聚时，避免了冲突不和。我今回顾往事，记得靖贤曾一次郑重其事地指摘我如下三点。第一，说我好反复，我每每初时点头同意之事，又翻悔不同意。这确有之。因为她遇事明决，不多思考审量，而当她征问我的意见时，我每先附和之，旋加考虑不免又更改。此盖两人头脑不同，性格不同也。第二，说我气量窄小，似乎厚道又不真厚道，似乎大方又不真大方。第三点记不明确，大约是说我心狠，对人的同情心不足……这些批评出自至亲至近之人，大值得反躬自省。纪念先妻之文即截止于此。

1977 年 6 月 11 日着笔，18 日写完

第二部分　朝话前辈

蔡先生与新中国*

蔡孑民先生近年来，以年纪高，精力不似从前，不多问事，所以这次在香港逝世，其直接影响于国家大局者不甚大。然而观于香港以至各地追悼纪念之热烈与普遍，则先生向所影响于社会者之深且巨，却从可知矣。实在说，二十多年来社会风气的转变，人才学术的盛衰，殆系于先生一身，真不是什么轻易的事！

蔡先生所给社会的影响，本不仅二十多年。譬如六十多岁的黄炎培先生都述说他如何身受先生的启发陶铸（见 16 日本报《奉悼我师蔡孑民先生》及 22 日本报《敬悼吾师蔡孑民先生》），就是一个例证。然而

---

* 此文写于蔡元培先生逝世（1940 年 3 月 5 日）后。——著者注

选自中国文化书院学术委员会编：《梁漱溟全集》（第六卷），山东人民出版社 1993 年 1 月第 1 版第 1 次印刷，第 74—76 页；原文录自《大公报》（重庆），1940 年 3 月 24 日。——编者注

我却从二十多年来说的，则是为了先生自民国五年后长北京大学，那深且巨的影响实发生在此的缘故。“饮水思源”，我愿将二十多年间的事，倒溯着想一想。

今日国民党领导全国抗战的局面，不是继承着十七年北伐完成的统一局面而来的么？而那国民革命军的北伐呢？不是由于十三年国民党改组容共，而后开出的新局面么？至于国民党改组呢，就世界潮流说，是受苏联革命成功的影响；就国内说，则很密切地为民八九以来“新思潮”、“新文化运动”的影响。所谓民八九以来的“新思潮”、“新文化运动”，则正是蔡先生长北大后所发生的东西。现在年年还纪念的“五四运动”，不过是新文化运动中间的一回事。“五四”那一天的事，意义并不大，我们是用它来纪念新文化运动的。

新文化运动影响的深巨，大概今日年在三四十以至五六十的人都曾亲切尝受的。那是历史上不可磨灭的事。譬如说我们今日正在创造新中国，将来要有个新中国出现；那么，后来作史的，一定要从那时叙起。新文化运动表见于文字上的，是那时起风行到今的白话文。其实并不只是“文学革命”而已，而实有一种新人生新政治新经济的要求。从这种要求，就不到创造出新中国不止，像是今天领导抗战建国的国民党，实在是从这时以后，受到这影响，才有一新生命，以一新姿态而出现。至于今天的共产党呢，那真是从这里才有的产物。

现在的人，假使不是年纪太小或太老，都能回想民八九以后那一段新风气。那新风气，就是喜欢谈思想，谈学术。报纸竞出副刊（如《学灯》之类），人们竞着结学社，出丛书，竞着办大学，请外国学者来中国讲学，等等。始于文学、哲学，而归于社会问题、政治、经济。这新风气，怕无人能否认是自北大发动；而北大之所以如此，则民五以后蔡先生来主持的结果也。风气的创发，自然不是蔡先生一人所能为，例如陈独秀、胡适之诸先生都是些先锋。然而他们都是由于蔡先生的引进与护持，其功还在蔡先生。像梁任公先生原是距今四十年前开新风气的人物，然而在这一段，他却是跟随着加功尽力的人而已。其余的人更不必说。

讲到学问上的成就，那是另外一回事。我不敢随便说蔡先生如何如何；讲到社会他给的影响，则二三十年来的思想界教育界学术界明明因他老先生而变化迁进，并且从这变化迁进影响到社会的一切，影响到政治以至国家前途，却又是人所共见，而不待我赘言的。

近处看，政治的力量极大，像是能支配一切；而其实政治还为学术思想所左右，视一时人才为隆污，人才不尽出于学术，却每随一时风会思潮以俱来。试看今日无论在哪一方，好多人物几乎都是二十年前那时孕育茁长的，其中不少还是直接出于北大。我不能说民八九年在学术上可称为“盛时”，然而那时教育界学术界思想界气象活泼，总是真的。我更不敢说今日人才如何盛，然而那时眼前的几个人总是自那里来的。假如说开风气，育人才，为贡献于国家之最大者，则二三十年来总要数蔡先生为第一人。

纪念蔡元培先生*

——为蔡先生逝世二周年作

三十一年二月自香港返桂林，《文化杂志》以时届蔡先生逝世二周年，属为纪念之文。余于蔡先生逝世之初，曾为一文[①]发表于重庆《大公报》，大意申论中国近二三十年之新机运，蔡先生实开之，今不重述。今只述蔡先生的伟大兼及余个人知遇之感于此。

蔡先生一生的成就，不在学问，不在事功，而只在开出一种风气，酿成一大潮流，影响到全国，收果于后世。这当然非他一人之力，而是

---

* 选自中国文化书院学术委员会编：《梁漱溟全集》（第六卷），山东人民出版社1993年1月第1版第1次印刷，第330—338页。原文录自《文化杂志》（桂林）1942年3月。——编者注

① 即《蔡先生与新中国》一文，详见中国文化书院学术委员会编：《梁漱溟全集》（第六卷），山东人民出版社1993年1月第1版第1次印刷，第74—76页。——编者注

运会来临，许多人都参与其间的。然而数起来，却必要以蔡先生居首。

我说运会，是指历史演到那时，刚好是上次大战将了，好多旧东西于此结束，而人类一新机运于此初步展开。在社会人生，在经济，在政治，种种上面都茁露新潮流，与十八九世纪所谓“近代潮流”者不同。而中国呢，刚好在感受“近代潮流”引发第一度革命之后，反动的（袁氏）帝制运动（民五年），清室复辟运动（民六年），此伏彼起，新旧势力相搏之际。蔡先生即于袁倒黎继，南北统一内阁之下，应教育总长范静生先生之请，出任北京大学校长。范先生原是蔡先生做民国第一任教育总长时引为次长的，两公之相得，自不待言。而况蔡先生以清朝翰林为革命钜子，新旧资望备于一身。此时欲从扩演近代潮流之中，更进而输入最新潮流，使许多新意识在中国社会一面深刻化，一面普遍化，俾克服旧势力于无形，实在除蔡先生能肩负此任务外，更无他人具有这气力的了。

这还不单是说蔡先生能得政府和教育界的支持，蔡先生的资望品概能服人而已；更要紧的乃在蔡先生的器局识见，恰能胜任愉快。从世界大交通东西密接以来，国人注意西洋文化多在有形的实用的一面，而忽于其无形的超实用的地方。虽然关涉政治制度社会礼俗的，像是“自由”、“平等”、“民主”一类观念，后来亦经输入，仍不够深刻，仍没有探到文化的根本处。唯独蔡先生富于哲学兴趣，恰是游心乎无形的超实用的所在。讲到他的器局，他的识见，为人所不及，便从这里可见。因其器局大，识见远，所以对于主张不同、才品不同的种种人物，都能兼容并包，右援左引，盛极一时。后来其一种风气的开出，一大潮流的酿成，亦正孕育在此了。

关于蔡先生兼容并包之量，时下论者多能言之。但我愿指出说明的：蔡先生除了他意识到办大学需要如此之外，更要紧的乃在他天性上具有多方面的爱好，极广博的兴趣。意识到此一需要而后兼容并包，不免是人为的（伪的）；天性上喜欢如此，方是自然的（真的）。有意地兼容并包是可学的，出于性情之自然是不可学的。有意兼容并包，不一定兼容并包得了。唯出于真爱好而后人家乃乐于为他所包容，而后尽复杂却维系得住。——这方是真器局，真度量。

譬如在蔡先生包容中，当时发生最大作用的人，第一要数陈独秀先生，次则胡适之先生。且不论他们两位学问深浅如何，但都有一种本领，就是能以自己把握得的一点意思度与众人。胡先生头脑明爽，凡所发挥，人人易晓。当时的新文化运动自不能不归功于他。然未若陈先生之精辟廉悍，每发一论，辟易千人。实在只有他才能掀起思想界的大波澜。两位先生固然同得到蔡先生的支持，却是胡先生为人平正和易，原不须蔡先生怎样费力支持。陈先生就不同了，在校内得罪人不少，在校外引起的反对更多。而且细行不检，予人口实。若非得蔡先生出大力气支持，便不得存立住。若问蔡先生何以能这般出大力气支持他呢？就为蔡先生虽知他有种种短处，而终竟对他的为人抱有真爱好，对他的言论主张具有真的同意和同情。——不是蔡先生，换任何一人都不会支持他；而在蔡先生若不是真爱他、真同情他，亦不会支持他的。

胡先生的白话文运动是当时新文化运动的主干。然未若新人生思想之更属新文化运动的灵魂。此则唯借陈先生对于旧道德的勇猛进攻，乃得引发开展。自清末以来数十年中西文化的较量斗争，至此乃追究到最后，乃彻见根底。尽管现在人们看他两位已经过时，不复能领导后进。然而今日的局面、今日的风气（不问是好是坏）却是那时他们打开来的，虽甚不喜之者亦埋没不得。自然是说起当时人物，并不止陈胡二位。例如李守常（大钊）、顾孟余、陶孟和、周树人、周作人、钱玄同、高一涵诸先生皆其著者；且亦各有各的神通。所有陈胡以及各位先生任何一人的工作，蔡先生皆未必能做；然他们诸位若没有蔡先生，却不得聚拢在北大，更不得机会发抒。聚拢起来而且使其各得发抒，这毕竟是蔡先生独有的伟大。从而近二三十年中国的新机运亦就不能不说蔡先生实开之了。

这时我个人固然同在蔡先生聚拢包容之中，然论这运会却数不到我。因我不是属于这新派的一伙。同时旧派学者中亦数不到我。那是自有辜汤生（鸿铭）、刘申叔（师培）、黄季刚（侃）、陈伯弢（汉章）、马夷初（叙伦）等等诸位先生的。我只是在当时北京大学内得到培养的一个人，而不是在当时北大得到发抒的一个人。于此，我们又可以说：蔡先生的伟大非止能聚拢许多人，更且能培养许多人。除了许多学生不说，如我这样虽非学生而实受培养者，盖亦不少也。

我到北大任讲席始于民国六年，而受聘则在其前一年，即蔡先生初接任校长之时。蔡先生之知我，是因我有《究元决疑论》之作，发表于上海《东方杂志》（约在民国五年夏，连载于六七八月三期，后来收入东方文库勾一单行本）。此论之作盖兴感于黄远庸先生之惨死。那时我在北京得到远庸从上海写给我的信，同时读到他的忏悔录（渡美舟中作，发表于《东方杂志》），随亦听到他在美国被刺的讯息。此论发挥印度出世思想，指出人生唯一的路在皈依佛法。原稿寄给章行严先生（士钊）。适章先生奔走倒袁离沪，为蒋竹庄先生（维乔）所得，付《东方杂志》刊出。不久袁倒黎继，蔡先生既应范公之请，由海外返国。我以自十几岁爱好哲学，很早读到蔡先生的《哲学要领》一类著作，久慕先生而未一深谈（民国元年我为新闻记者，蔡先生为阁员，见过几面）。

特因范公介绍晋谒先生于其家，不料一见面，先生就说要请我到北大任教的话。

记得有一天，蔡先生约我与陈仲甫先生（独秀）相会于校长室，提出请我担任印度哲学一门课程（陈先生新聘为文科学长，相当今所谓文学院院长）。我说我何曾懂得什么印度哲学呢！印度宗派那么多，我只领会一点佛家思想而已。要我教，我是没得教的呀！蔡先生回答说：你说你不懂印度哲学，但又有哪一个人真懂得呢？谁亦不过知道一星半点，横竖都差不多。我们寻不到人，就是你来吧！我总不敢冒昧承当。先生又申说，你不是喜好哲学吗？我自己喜好哲学，我们还有一些喜好哲学的朋友，我此番到北大，就想把这些朋友乃至未知中的朋友，都引来一起共同研究，彼此切磋。你怎可不来呢？你不要是当老师来教人，你当是来共同学习好了。他这几句话打动了我，我只有应承下来。

虽则答应了，无奈我当时分不开身。当时我正为司法总长张镕西先生（耀曾）担任司法部秘书。同时任秘书者有沈衡山先生（钧儒）。沈先生多为张公照料外面周旋应付之事，我则为他掌理机要函电。倒袁者本以西南各省为主，张公实代表西南滇川两粤而入阁。正在南北初统一，政治上往来机密函电极多，我常常忙的入夜。我既于此门功课夙无准备，况且要编出讲义，如何办得来？末后只得转推许季上先生（丹）为我代课。

及至次一年，经过张勋复辟之役，政府改组，镕西先生下野，我亦去职南游入湘。十月间在衡山的北军王汝贤等部溃走长沙，大掠而北。我亦不得安居，随着溃兵难民退达武汉，就回北京了。因感于内战为祸之烈，写了一篇《吾曹不出如苍生何》，呼吁有心人出来组织“国民息兵会”，共同制止内战，养成民主势力。自己印刷数千册，到处分送与人。恰这时许先生大病，自暑假开学便缺课，蔡先生促我到校接替，于是才到北大。

我在北大前后共七年，即自民国六年至十三年（从新思潮的酝酿，五四运动的爆发，到国民党改组）。中间曾因脑病求去两次，皆经蔡先生恳切挽劝而留住，其详不烦说了。七年之间从蔡先生和诸同事诸同学所获益处，直接间接，有形无形，数之不尽。总之，北京大学实在培养了我。论年辈，蔡先生长于我廿六岁，我只算得一个学生。然七年之间与先生书信往返中，先生总称我"漱溟先生"，我未尝辞，亦未尝自称晚生后学。盖在校内原为校长教员的关系，不敢不自尊，且以成蔡先生之谦德。后来离校，我每次写信，便自称晚学了。

近中四川报纸有传我初投考北大未见录取，后乃转而被聘为教授者，非事实。从上面所述可以看出（那时蔡先生以讲师聘我，亦非教授）。不过我初到北大时，实只廿四岁，与诸同学年齿相若，且有比我大两岁者。如今名教授冯友兰、顾颉刚、孙本文、朱谦之诸君皆当日相聚于课堂的。更有少时与我为同学友，而其时却正求学于北大的，如雷国能（在法科）如张申府（崧年，在理科）诸兄是。

当时蔡先生为什么引我到北大，且再三挽留我呢？我既不属新派（外间且有目我为陈胡的反对派者），又无旧学，又非有科学专长的啊。此即上文所说蔡先生具有多方面的爱好，极广博的兴趣之故了。他或者感觉到我富于研究兴趣，算个好学深思的人，放在大学里总是好的。同时呢，他对于我讲的印度哲学、中国文化等等自亦颇感兴味，不存成见。这就是一种气度。这一气度完全由他富于哲学兴趣相应而俱来的。换言之，若胸怀意识太偏于实用，或有独断固执脾气的人，便不会如此了。这气度为大学校长所必要的；老实说，这于一个为政于国的人，有时亦同属必要吧！

由于蔡先生爱好哲学，又请来有哲学兴趣的教员，亦就开发了学生们的哲学兴趣。在我眼见的七年中，哲学系始终是最重要的一个学系。当其盛时，比任何一学系的学生都多。除了注册选修哲学课程者外，其他学生自由来听讲的亦很多。校外的人（例如琉璃厂高师的学生，太仆寺街法专的学生，还有些不是学生的人）经常来听讲者亦颇有之。注册部所安排的教室每不合用。就为按照注册人数，这间教室本可以容纳下，而临时实到听讲的人数却加多，甚至加多达一倍，非调换大教室不可。我自己的经验，当民十二及十三年上半年，我讲儒家思想时，必须用第二院大讲堂才行。通常听讲人数总在二百左右，到课程结束，举行考试时的试卷亦有九十多本，此即正式注册的学生了。闻人言近年（指抗战前和抗战中）南北各大学哲学系学生少得可怜，几乎没有人愿入哲学系。此固一时一时风气不同。然可见蔡先生当年倡导总算成功。

若问蔡先生何以能有这种种成功——他能罗致人才，能造成学风，能影响到全国大局，使后之言历史者不能不看作划时代的大节目，其成功之由果何在？我可以告诉你：此无他，他只是有他的真好恶。何谓真好恶？儒书上指点得明白："如好好色，如恶恶臭"便是。有真好恶，而后他的一言一动，不论做什么事，总有一段真意行乎其间。这样，他便能打动人。人或者甘心愿跟着他走，或随着他有一段鼓舞于衷而不自知。朱晦翁尝说的一句话："是真虎，必有风"，正谓此。他不要笼络天下人，他更不想强制天下人听他的。一切威迫利诱的手段，他都不用。然而天下人却自为他所带动。他毕竟成功了，毕竟不可磨灭地成功了。反之，那玩手段的欺人自欺，亦或自觉得一世之雄，却每每白费力，落得一场空。这亦就是儒书上"不诚无物"一句话了。

总之，我所了解的蔡先生，其伟大在于一面有容，一面率真。他之有容，是率真的有容；他之率真是有容的率真。更进一层说：坦率真诚，休休有容，亦或者是伟大人物之所以为伟大吧。

今者距新思潮之风动全国既二十年，距余之离开北大既十七八年，距蔡先生之身故既满两年，而余亦浸浸五十之年矣。自顾尚无所成就以答蔡先生之知遇，以报北京大学之培养。窃不敢妄自菲薄，将致力于新文化运动之建设的工作，无使蔡先生之精神徒如过去新思潮所表现者而止，而更有其最后之成果焉。是则区区心愿之所在也。因纪念蔡先生，并志于此以自励。

附　记

此文写于民国三十一年，即 1942 年；1970 年忽于乱纸堆中发现吾手稿原迹，计经二十有八年矣。既审视其不无可存，则重为抄录一通，复就回忆所及五十年前之往事附记于其后。

文中说蔡先生有多方面之爱好，极广博之兴趣，其可征之事例甚多。今试举其一。尔时（约在 1927 年）京中有蜀人张克成先生宣讲佛家唯识论著于广济寺，任人听讲，蔡先生时出任北大校事非久，竟然拨冗偕友几次往听。其实张先生信佛虽笃，却不通唯识，其错解可笑，愚著《唯识述义》曾指出之。然蔡先生之好学岂可及耶？

文中说北大哲学系尔时之盛况，曾提及 1923 年—1924 年愚讲儒家思想时来听者之多。却须知听众非尽属思想上的同调，为求学习而来者。愚曾闻有反对派来听，倡言“我听听他荒谬到什么地步”。（注：同学中有彭基相余文伟以我为唯心主义，夙示反对。）此正见出当时思想自由活泼之气象；凡哲学界所以成其盛况者讵不在此耶？

1970 年 11 月 3 日记

又文中“他不要笼络天下人，更不想强制天下人听他的，……反之那玩手段的自欺欺人，亦或自觉得一世之雄，却每每白费力，落得一场空；这亦就是儒书上‘不诚无物’一句话了。”盖有感于当时执政者蒋介石而发，时当抗日战争中期，百事望之于蒋，而误于蒋，深有慨于心也。

同年 11 月 8 日又记

此文纪念蔡先生兼及当年愚受任北大哲学系讲席之事，因回忆往昔同学盛况如次：计同班同学有孙本文、顾颉刚、冯友兰、黄文弼、朱自清诸君。其时我二十四岁，论年齿彼此大致均相若。班上唯一年长者为谭鸣谦，即是后来革命运动中出名的谭平山其人，他年近三十矣。同学诸友固远不止此数，此举其后来学问上各有造诣，且均为大学的名教授，我此一时偶尔回忆中者数人而已。且在北大首尾七年之间，所熟识交好者初不止于哲学系诸同学，而泛及于其他系科。如罗常培、罗庸皆国文系，如陈政则德文系，如叶麟则理科，如黄艮庸则在预科，朱谦之（自由听课，不属任何学系）、王恩洋（旁听生）。谷源瑞则属哲学系，后因在国民参政会任秘书，而特别相熟。至如王星贤（英文系）虽在学校时不相知而晚年来过从颇密，十分契合。

1984 年 2 月 5 日再识

纪念梁任公先生*

今天为梁任公（启超）先生逝世第十四周年，友人张旭光周之风诸君提议撰写纪念文。去年漱自香港返桂，尝应友人嘱写有蔡孑民先生逝世二周年纪念文一篇。愚往者既同受知于蔡梁两先生，则兹于纪念梁先生之文，自不容辞。纪念蔡先生文中曾指出蔡先生之伟大处，复自道其知遇之感。今为此文，大致亦同。

一　怎样认识任公先生的伟大

欲知任公先生的伟大，须从其前后同时人物作一比较。例如蔡先

* 选自中国文化书院学术委员会编：《梁漱溟全集》（第六卷），山东人民出版社1993年1月第1版第1次印刷，第427—432页。原文刊于《扫荡报》（桂林），1943年1月，收入《梁漱溟全集》时所据版本为《漱溟最近文录》，中华正气出版社1944年5月版。——编者注

生即其前后同时人物之一。两位同于近五十年的中国，有最伟大之贡献。而且其贡献同在思想学术界，特别是同一引进新思潮，冲破旧网罗，推动了整个国家大局。然而奇怪的是任公少于蔡先生八岁，论年辈应稍后，而其所发生之影响却在前。就在近五十年之始，便是他工作开始之时。在距今四十年前，在思想界已造成了整个是他的天下。在距今三十五年前后的中国政治全为立宪运动所支配，而这一运动即以他为主。当他的全盛时代，年长的蔡先生却默默无闻（蔡先生诚早露头角，但对广大社会而言则是如此）。蔡先生从“五四运动”打出来他的天下，那是距今二十四年的事。欧战以后的新思潮于此输入（特别是反资本主义潮流），国民革命于此种其因。所以他的影响到大局政治，不过是近二十年的事。

当任公先生全盛时代，广大社会俱感受他的启发，接受他的领导。其势力之普遍，为其前后同时任何人物——如康有为、严几道、章太炎、章行严、陈独秀、胡适之等等——所不及。我们简直没有看见过一个人可以发生像他那样广泛而有力的影响。康氏原为任公之师，任公原感受他的启发，接受他的领导。却是不数年间，任公的声光远出康氏之上，而掩盖了他。但须注意者，他这一段时期并不甚长。像是登台秉政之年（民国二年，民国六年两度），早已不是他的时代了。再进到五四运动以后，他反而要随着那时代潮流走了。民国八九年后，他和他的一般朋友蒋百里、林长民、蓝志先、张东荪等，放弃政治活动，组织“新学会”，出版《解放与改造》，及共学社丛书，并在南北各大学中讲学，完全是受蔡先生在北京大学开出来的新风气所影响。

因此，论到所给予社会影响之久暂比较上，任公每又不如其他的人。所以有人评论他几句话：

其出现如长彗烛天，如琼花照世，不旋踵而光沉响绝，政治学术两界胥不发生绵续之影响。——此正任公之特异处。

《陈伯庄通讯》(《思想与时代》，第十三期)

这是很对的。我们由是可以明白诸位先生虽都是伟大的，然而其所以伟大却各异，不可马虎混同。任公的特异处，在感应敏速，而能发皇于外，传达给人。他对各种不同的思想学术极能吸收，最善发挥。但缺乏含蓄深厚之致，因而亦不能绵历久远。像是当下不为人所了解，历时愈久而价值愈见者，就不是他所有的事了。这亦就是为何他三十岁左右便造成他的天下，而蔡先生却要待到五十多岁的理由。他给中国社会的影响，在空间上大过蔡先生，而在时间上将不及蔡先生，亦由此而定。

从前韩信和汉高祖各有卓越的天才，一个善将兵，一个善将将。蔡梁两先生比较，正复相似。蔡先生好比汉高祖，他不必要自己东征西讨，却能收合一般英雄，共图大事。任公无论治学和行文，正如韩信将兵，多多益善。自己冲锋陷阵，所向无前。他给予人们的影响是直接的，为蔡先生所不及。

任公为人富于热情，亦就不免多欲。有些时天真烂漫，不失其赤子之心。其可爱在此，其伟大亦在此。然而缺乏定力，不够沉着，一生遂多失败。

二　任公先生的生平得失

吾人纪念前贤，亦许应当专表彰他的功德。无奈我想念起任公先生来，总随着有替他抱憾抱悔之心。任公学术上的成就，量过于质，限于篇幅，不能悉数。今就其在政治上得失说一说。

清季政治上有排满革命和君主立宪两大派。任公一度出入其间，而大体上站在立宪一面，且为其领袖。固然最后革命派胜利，而国人政治思想之启发，仍得力于他者甚多，间接帮助了辛亥革命者甚大。国人应念其功，他自己亦可引以为慰。

民国成立，宋钝初（教仁）想实行政党内阁，正与任公夙怀符合。当时曾约定以全力助宋，可惜宋氏被刺，两派合作机会遂失。加以袁世凯方面种种笼络，民党方面种种刺激，卒成组织进步党对抗国民党之局。更进而有熊希龄受袁命组阁，隐然由进步党执政之局。末了，就陷于副署袁氏解散国会命令之重大责任，而不能逃。国会既散，政党根据全失，熊阁当然亦站不住。政治脱轨，大局败坏，任公于此悔恨不及。这是他政治生活第一度失败。自然当日之事，由各方造成，任公不独尸其咎。却是春秋责备贤者，贤者引咎自责，不能不如此。

由任公先生之知悔，遂在袁氏帝制时，有奋起倒袁之举。在倒袁运动上，先生尽了最大力量。假如说创建民国是革命派的首功，那么这次再造共和，却不得不让他的一派居首功了。当日事实自有史家载之史乘，兹不多述。这是任公先生的政治活动对于国家第一度伟大不磨之贡献。

可惜在倒袁中忽遭父丧，袁倒后先生治丧持服，未得出而秉政。于是种下了民国六年佐段（祺瑞）登台之事。在这里面还夹着一段反对康（有为）张（勋）复辟。信有如任公几十年前所说“吾爱吾师，吾尤爱真理”者，可算作他第二度对于国家的贡献。

复辟既败，共和三造，段梁携手执政，居然又有几分进步党内阁气概。此固为任公登台应有之阵容。但千不该，万不该，不肯恢复国会，而另造新国会。以致破坏法统，引起“护法之役”，陷国家于内战连年。

这是他政治生活第二度严重失败。这次责任别无可诿，与前次不同。我们末学只有替他老先生惋惜，而他的政治生涯亦于此告终。

总论任公先生一生成就，不在学术，不在事功，独在他迎接新世运，开出新潮流，撼动全国人心，达成历史上中国社会应有之一段转变。这是与我纪念蔡先生文中所说：蔡先生所成就者非学术，非事功，而在其酿成一种潮流，推动大局，影响后世，正复相同的。

三　我个人对任公先生的感念

我早年是感受任公先生启发甚深之一人。论年纪，我小于先生二十岁。当他二十几岁举办《时务报》、《清议报》之时，我固不能读他的文章。即在他三十岁创刊《新民丛报》亦还不行。直待我十五岁，好像《新民丛报》已停刊，我寻到壬寅、癸卯、甲辰三整年六巨册《新民丛报》，和《新小说》全年一巨册（约五六百万字以上），又《立宪派与革命派之论战》一厚本（任公与汪精卫胡汉民等往复辩难所有文章之辑合本）才得饱读。当时寝馈其中者约三四年。十八岁时，《国风报》出版，正好接着读下去。这是比我读五年中学更丰富而切实的教育。虽在今日，论时代相隔三十年以上，若使青年们读了还是非常有用的。可惜今日仅存《饮冰室文集》，而原报殆不可得。那其中还有旁人许多文章和新闻时事等记载，约占十之八，亦重要。至今想来，我还认为我的莫大幸福。

蔡先生著作无多，我读到亦不多。在精神上却同深向往。民国五年曾因范静生（源廉）先生介绍而拜见蔡先生。但对任公先生则未曾求见。因我先父多年敬佩任公，当他从海外返国，亲往访四次未得一见，两度投书亦无回答，我更不敢冒昧。到民国九年，任公渐渐知道我。一日忽承他偕同蒋百里、林宰平两先生移尊枉步访我于家。由此乃时常往还。民国十四年我编印先父遗书既成，送他一部。书中有先父自记屡访不遇投书不答之事，而深致其慨叹。我写信特指出这段话，请他看。他回信痛哭流涕数百言，深自咎责。嘱我于春秋上祭时，为他昭告说“启超没齿不敢忘先生（指我父）之教”。盖先父于慨叹其慢士之余，仍以救国大任期望于他也。此事在先父若有知，当为心快。而在我为人子者，当然十分感激他。

十八年春上，我在广州闻任公先生逝世之讯，心中好大难过。念相交以来，过承奖爱，时时商量学问，虚心咨访（先生著作关于佛教者恒以初稿，见示征问意见），而我未有以报。第一，他奔走国事数十年，所以求中国之问题之解决者甚切，而于民族出路何在，还认不清。第二，他自谓服膺儒家，亦好谈佛学，在人生问题上诚为一个热心有志之士，而实没有弄明白。我于此两大问题渐渐若有所窥，亟思以一点心得当面请正。岂料先生竟作古人，更无从见面谈心，只有抱恨无穷而已。今为此文，虽时间又过去十多年，还是不胜其追怀与感念！

伍庸伯先生传略*

在我一生所有朋友中不少是我心里折服而尊敬的人。他们实在是各有各的价值。但其价值在我心目中好像亦还有着不同等的重量。至于其间彼此交谊深浅，关系亲疏，自然又有许多不同处。因此，是难于放在一起来比较的。若勉强来比较，伍庸伯先生应该是我心里最折服的人；他在我心目中的重量更无人能相比并，而我们彼此间的关系应该亦说是最亲近的和相当深的。

伍先生之所以在我心目中有着无比的重量，是因为我确认中国古人在世界学术上最大的贡献无疑地就是儒家孔门那种学问，而伍先生在此学的贡献则有足以补宋儒明儒之所未及者。——关于此层

* 选自中国文化书院学术委员会编：《梁漱溟全集》（第四卷），山东人民出版社 1991 年 2 月第 1 版第 1 次印刷，第 175—195 页。——编者注

要待另文阐述伍先生学说之时方能切实指出说明。

伍先生同我的关系，我只说相当深，而不说最深，是否还别有关系更深的朋友呢？没有。说到此，必须说出我自己的一大短处。我的一大短处就是不能从朋友受到深切益处，亦不能深切地影响朋友帮助朋友，同朋友间的彼此相知似不够深透，尤其在感情上总不够深。（虽然我能结合一班朋友数十年不散。）一句话：在彼此两个人之间——两个生命相互间——不易达成深度的通透联结。这是有鉴于亡友王平叔（维彻）每能深切地帮助朋友，影响朋友，主动地与人结成深深的友谊，而反省到自己身上所认识出来的缺点。记得我曾两度请求伍先生接受我作为他的学生，我愿师事伍先生，但两度都被拒绝。前一度是在广州，当时我三十六岁；后一度是在北京，我五十九岁。当他不接受我的请求时，态度是那样明确而果决，使我的话难于继续再说下去。他为什么如此果决？想来他是一面认识到他自己，另一面又对我有一种认识吧。在今天为伍先生写此传略的时候，我衷心叹恨的一点就是没有从伍先生受到较多教益——所受教益太少。我虽有机会亲近伍先生，却没有能从他而得到自己的改造。

伍庸伯先生名观淇（旧名冠球），广东番禺县南浦村人，生于清末丙戌年（1886），卒于解放后1952年，寿六十七。南浦村在上番禺，旧归慕德里司，所属尽是土地瘠薄之区。当地人单靠农业生产不足以养家，多去佛山镇做生意。他家亦如此，从事自产自销的小手工业，描画佛像神像等，不算读书人家。到他这一辈才读书。他先曾在广东高等学堂肄业，却在一次学潮中与其他几个同学被开除[①]。随后考入将弁学堂。这是为了在两广创建新式陆军而设的一种军官学校。入民国后。广东不少著名将领如邓铿、叶举、熊略等均出身于此。而伍先生在同学侪辈中才学最称优秀。当时创办而又主持将弁学堂的为浙人周孝怀先生（善培），是个有思想有才能的官吏，而且后来还能深造于学问的人（著有《周易杂卦证解》一书）。他非常爱重伍先生，伍先生亦确曾受到他的教益。虽然此后两人学问路数不同，却结下了终身深厚交谊。伍先生毕业时以成绩最优被任为新军管带（相当于营长）。他的同学友如邓、叶、熊等都做了他的部属（相当于连排长）。

伍先生任职管带约近三年，自己年纪还很轻，特请离职北上，求学于保定军官学校。辛亥革命军起义，即南下投效于姚雨平部，又转至南京临时政府参谋部任职。清廷退位，大局既定，又继续求学军校。毕业时是作为陆军大学第一班毕业的，其学业成绩又是最好的一个人。[②]

在陆大毕业后就被留在陆大担任教官，同时又兼任参谋本部某局第三科科长。这个科是主管空军的，那时北京南苑有个航空教练所，即归属于它。这种官僚生活，伍先生大约度过有三年光景（1913—1916年）。这正是袁世凯武力统一全国，国内工矿企业因欧洲大战机会而得到一些发展，

---

① 前清末年开始讲求西学，在广州曾有两广西学堂之设置。伍先生所肄业的广东高等学堂即是其后改名的。未及毕业即被开除，据闻系因同学们用扑满（一瓦缶从其隙间投入钱币，满则扑破出之）集资举办某种公益事业。多日后，举行扑满大会，有人演说言辞涉及扑灭满清。盖受孙中山先生倡导革命之影响。学校当局大骇，以伍某素为学生首脑，竟开除先生及同学严博球等数人。

② 据闻陆大毕业考试，例以兵团为野战实习行之，自排长以上至总指挥各员均由大学主考官就同学诸生一一点名分派弃任之，以鉴定其学力成绩如何。当诸同学各经指派后，临末乃宣布以伍某为总指挥云。

北京相当繁盛时期。他官位虽不高而薪俸所入颇丰，生活安定优裕。并且他美满的婚姻亦正成就于此时——结婚在 1914 年 12 月，伍先生二十九岁未满。然而他竟不愿这样生活下去，断然辞职去官，结束了这种生活。

据我们所闻，伍先生早曾一度对军人生活起过疑问：一个人究竟应该不应该做军人？此一疑问起于何时，是在陆大学习时，抑或在陆大担任教官时，现在不易查清楚。但其辞去陆大教官，确先于辞科长一年余。即是辞教官在 1915 年春，辞科长在 1916 年秋。所有职位先后辞脱，一家人生计断绝来源，这是何等事？这勇气不是平常人所有。平常人迫于谋生，在世俗种种需求上忙个不了，就把一切看作当然的，不起疑问，顺流走去，没有什么不安于心。偶然受到刺激，引起反省，萌露反感，亦如电光一闪，在环境压迫下，难得持续思索，追求究竟。人们一生大都这样混过去。然而求真之心、好善之心明且强的人——如伍先生——却每每疑闷不解，萦绕胸际，不容自昧；当其积闷成痗，便真有活不下去之苦，那只有摆脱眼前束缚，屏除百事，在维持此命不绝之前提下，专心致力于寻求真理功夫，务必得一安心立命所在。……一切一切要待自己有了安心立命处再说。

他正是在世俗所求都不成问题后，内心才开出空隙来，大大透露了对人生意义的根本怀疑寻问。质言之，伍先生之弃官求学颇有似于释迦牟尼当初舍弃其正宫太子的生活而入山求道，要都从其对人生有绝大感触，不得自安而来。[①]

① 伍先生任职参谋本部时，适有袁世凯帝制运动发生，北京政府大小官吏曾由各官署分别联名具书劝进，人人在内，不可能有例外。伍先生独不肯签名其间，态度平实、坚定、从容，不失于谦谨。同官僚友虽多谏阻劝勉，心为之危，卒亦无事。他辞官是在袁死之后，部中长官曾说给予参议名义，每月致送一百二十元车马费，他辞谢不受。

据伍夫人黄敬如女士谈，伍先生弃官求学之意萌露很早，早在他们结婚之前。当其怀有弃官之念，原亦不打算结婚。那时他已经各处求师访友而尤多亲近广济寺清一老和尚（此老为禅宗大德，湖南人方表曾为作传，蒋维乔的《中国佛教史》亦叙述及之）。据说其结婚还是听从老和尚之劝的，惜乎不知其详。当他以辞官征求伍夫人意见，伍夫人表示一切听他自己决定，她不会因为怕吃苦而妨碍着他。这又是很难得的。

当他辞官之先，亦曾和朋友知交讨论过，朋友中初无一人赞成其事。但辞官之后却因朋友们资助得以度日。这就是张孟新（国元）、冯竹贤、李任潮（济深）或尚有冯祝万等几位先生，每人每月各出银币五元。他们原都是班次稍后的陆大同学，又都是广东同乡（李虽为梧州人，其实何异于广东同乡），又都任职陆大教官，而且同住于礼路胡同陆军大学宿舍的。他们平素都钦服伍先生，其后又都常听伍先生谈学的。（详后）

辞官后便不能再居住公家宿舍，且须紧缩用度，夫妇一迁再迁，末后迁至伍夫人的母家同住西直门内火药局七号，一直住到 1921 年 8 月伍先生挈眷回粤。

关于伍先生专力求学这一段经过的事情，未闻他自己系统地讲述过，更缺乏有心人从旁留心注意其间思想转折的首尾线索。今天所能说出的只有如下三层：

（一）弃官求学之初，似曾做了个以五年为期的打算，即是暂定五年内专心解决自己思想上的问题。事实上，后来亦差不多就是五年而有了归着。但若把弃官之前乃至结婚之前那二三年的奔走寻访计算在内则首尾至少在七年以上。

（二）在此七年内，对于种种不同的人生思想——世法、出世法、中西、新旧——均加参访，勤求不怠。当年他所请教过的那些人，今天多已指数不出。仅仅知道在佛法一面，同清一老和尚往还最密且久，时常留宿广济寺内。有一时期亦常常留宿西郊的圆广寺，其所亲近请益者何人已说不出。在道教方面，伍先生亦曾在白云观内借住和一位九十多岁的道士盘桓一个时期。天主教、耶稣教的礼拜堂或讲道场所，在某一时期亦恒有伍先生踪迹。在这方面且有海军部次长李某（一个字的单名）先生似乎给伍先生印象颇深，我曾闻伍先生谈其访问经过，惜乎记忆不清。民国八年（1919 年）新思潮正盛时期，伍先生每天从西直门步行到北京大学旁听，前后约达一年之久。因而与北大一些同学接触相熟。例如吴康（敬轩）即其最熟之一人。其间曾否叩访于那时著名新思想家（如陈独秀、胡适）则不详。对于儒家之学似乎反复研求用力最多，但伍先生所共切磋研究者只听说有一位萧隐公先生（住嘉应会馆内），此外却难于举数。并且萧先生往往是伍先生谈学时一位争辩的对手，而非多所受教之人。

（三）在几个不同方向的人生思想都经过一番参访研究后，伍先生终归落实到儒家这一方面。不过人们切莫从自家旧观念中的儒家去联想伍先生之所心得。他的心得是他思想问题的最后解决，而在普通人却没有这样深刻的问题。

我们又不要以为伍先生是从茫然无主中周览了各不同思想后终于选择其一。这是不合于实际的一种猜想。人生道路的取舍，主要在生活实践中体认决定。见闻思辨信有助于实践体认，而主要不在思辨上，见闻在外，体认在内。所谓安心立命者原是内心得其宁贴，自己在人生道路上日益踏实稳定地走去之谓也。

还有两点须得在此指出如左：

人生道路的取舍固必决定于自己内心，但伍先生取舍的标准则为一切人而设想，要能适合人间普遍的需要。他常说：学问必须是解决问题的，问题必须是人民大众所同有的问题，而后这种学问乃为人人所需要，人人亦都能用功夫去学习。假如是社会上只有少数人才能去讲求的学问功夫，那便证明这种学问——例如道家、佛家特有的功夫——尚未到讲习它的时期。他发愿，愿为当前人们同样需切之学而尽力。他在寻访各宗教、各学派时，其取舍的标准便是如此。这是第一点。

伍先生早年（二三十岁时）立身行事恒自勉于“言忠信，行笃敬”两句格言，后来感觉到不够。怎么不够？要必掌握着认识忠信、理解笃敬的根本才行。要得其根本，从根本出发，忠信笃敬自在其中。这是他走上学问路数，逐渐讲求到《大学》书文的由来。他原非为讲书而讲书的。他要走的道路既定，其他学问道路便绝口不讲（亦少见评论）；为人讲说时，除与《大学》相发明的古书文外，亦从不去谈它。

当伍先生于人生道路自己体认有得，且认为人们普泛需要时，就出其心得者为朋友们讲说，三五朋友亦乐于听他讲。此事可能早就有，其究始于何时无可确指。不过有似一个讲会之形成，大约在 1919 年下半年，而结束于 1921 年 8 月他移家回粤的前夕。参加讲会的人虽由少而稍增，似最多总不过十二三人。其间有的人或系临时入座，亦有的人偶尔缺席。多半是陆大学友和两广同乡，外人亦有之，不多。我仅仅在民国九年（1920 年）临时参加过两次而已，于全部情况是不够清楚的。兹根据我的见闻所及，约略叙出几点如次：

一、没有组织章则，亦不标任何名称。

二、每个星期天的午前聚会。

三、地点即在学友家中（我曾参加的两次是在西什库夹道冯竹贤家中）。

四、以讲书为主，所讲的书计先后有过《大学》、《中庸》、《孟子》等。

五、主讲人是伍先生；另外旁人有时亦讲（例如萧隐公或其他人）。

六、在讲余时间恒作讨论谈话，大家随意发言。

七、曾有一时期还讨论过礼乐在社会生活中的必要性，并折中新旧谈到如何制礼问题。

八、在稍后一个时期，即伍先生将回粤之前，曾讨论过农村问题（例如乡村治安问题、乡村教育问题等等，但其时尚无乡村建设之说）。

九、在讲谈之前或其后或中间休息时，有体育活动如太极拳之类（自由活动、非集体操练）。

十、没有什么经费或任何公共开支。

我与伍先生相识始于民国八年（1919年）在林宰平（志钧）先生家。那时我正在北京大学担任印度哲学讲席，伍先生主动要林先生作介绍，意在问佛学于我。第一次见面谈话，在彼此问答之间，并不投契。却是我深觉他人的气味好，心生敬慕，留有印象不忘。隔了许久，我自动访他谈学，才渐多往来。（关于我与伍先由朋友又成了亲戚一段姻缘拟另述。）林、伍两先生相熟识，较早两年或三年。听林先生谈，他们第一次相遇是在嘉应馆萧隐公先生座上，当时林先生偶然不客气地驳了伍先生一句什么话，伍先生感觉他没有世故俗套，因而渐渐相好起来。其后数十年关系不断，彼此（林伍、伍梁）各都成了终身友谊。然而林先生和我却非其讲会中人。如上所述我只临时参加过两次，林先生大约亦只是偶尔参加过。

当年那讲会上经常参加的人，是伍先生另一班朋友（见前）。然而其中特如李任潮先生亦就因在那会上同我和林先生相遇而结识了，成为后此关系非浅的朋友。亦还有经我介绍常常参加讲会的张难先（义痴）

先生，就使得张伍之间和张李之间从而都结成了很好的朋友。（彼时张公居住西直门大街路北小庙内，距伍公住家甚近，我因为之介绍。而我则住家崇文门外，西北与东南相隔甚远，且彼时交通非便，于是他们彼此晤谈往还乃多多过我。）

伍先生讲会一班朋友中，李先生最为敦厚、朴实、勤恳，可以说是很难遇到的一个人。他与伍先生在1915年至1920年间差不多朝夕切磋，精神上和形迹上都是最亲密不过的。后此他们两位先生在事业上有着相互深切的关系，皆于此时种其因。为此，我们叙说伍先生的事情有必要讲一讲李先生。

一般都知道孙中山先生从1917年倡议护法，在广东前后七年之间屡起屡仆，就苦于没有他自己得力的军队。直到孙先生身逝之后，才有黄埔军校培植起来的军队，使他的党得以统一广东，进而北伐以统一全国。实则在此之前，他并不是没有军队，陈炯明所部粤军不就是他的军队吗？只为陈不听话，卒且公然叛变，于是他就像是空无依傍了。然而陈部邓铿固忠于孙先生。邓所部第一师正是一支好队伍。可惜邓遭陈忌而被刺死；在孙陈矛盾几番变化中，第一师分散破碎了。此时把它收合整顿于江门四邑；培养发展于肇庆梧州的不是别人，正是李任潮先生。先是邓在1920年从广州写信到北京，邀请伍先生回粤给他担任参谋长。伍先生未应其请，却介绍李先生投效邓部。李既入第一师，从副官长而参谋长而师长，始终秉邓志而拥护孙先生。孙先生亦始终倚任他，任命他为西江督办兼梧州善后处处长。其后又受命同蒋介石一起筹建黄埔军校。校内重要骨干如邓演达、严立三、陈诚等人皆从李部第一师抽调而来。蒋为校长，李副之。其后国民革命军局面亦端在蒋得力于李之合作而展开。不仅统一广东的那些战役如打东江、平南路、收琼崖多靠李，而且北伐时血战汀泗桥、贺胜桥、直取武昌，号为“铁军”的还就是李部——北伐时蒋以总司令督师在前，李以总参谋长留守于后，然其所部第四军四个师则半在广东后方，半在武汉前线。（当时六个军各军编制都是三个师，独第四军是四个师。）

方当李先生在时局中所负责任逐步重起来，他就不得不援引前此讲会中朋友来帮助他。例如在梧州一面治理地方民政财政，在在需人，张难先等几位先生即已应邀而来。及至北伐出师，他就非拉伍先生出山为助不可。

叙说李事至此，掉转来续说伍先生。1921 年 8 月初旬伍先生挈眷回到广州，正值粤局在纷拢中。孙先生位居总统，下面陈炯明所部谓曰粤军。盖另有滇军杨希闵，桂军刘震寰，湘军谭延闿、程潜，豫军樊钟秀等等都来自广东，而广东省内尚有半独立性的小军阀邓本殷等割据各方。（此为笔者粗略记忆，有待考订。）广州为陈部驻守，但市区内任听各友军随意出入。各军既不相统属，且纪律不严，下级官兵有不法行为每每此军诿过他军，或彼此寻殴，秩序甚难维持。市内商民既不堪其苦，陈炯明乃设立军警督察处，委任粤军长官叶举为处长，以策治安。伍先生适于此时返来，老同学叶举立即求助于伍先生。伍先生觉得义不容辞，接受了督察处总参议名义，躬自率领数十名士兵日夜巡逻市街，遇有问题当下处理。两三个月内竟在未杀一人的过程中完成其使命。伍先生居常每诵“劳谦，君子有终，吉”（见《周易·谦卦》）一句话，而身体力行之。“劳”就是事必躬亲，不怕劳苦；“谦”就是对人对事谦虚谨慎。其成功，夫岂偶然哉!

此时陈炯明对孙先生尚未公然叛变，而形迹渐著，流言已多。伍先生心焉忧之，一夜直造陈之总部见陈，举流言为问。陈悍然诟责孙先生，其势不可理喻。伍先生动念举手枪杀之，愿与之俱死。转念其叛变固尚未发作而止。但以自己要杀之之念率直无隐地说出来，警告他。陈顿受感动，一改其粗犷态度，但仍申说孙陈之间的是非，说之不已。据闻事后陈向人亟称道伍先生公忠坦白，“真是很少见的一个人”，表露他的佩服。

伍先生从北京南归的本旨，原是本着《大学》上修身齐家的理念，尽力于自己家乡的事情。这便是去走明德修身的正当途径。所以在广州省城停留不久，就挈眷回他的南浦村，要在解决乡里实际问题上，自己磨炼学习。①

常时禺北地方紧急需要的，是平息械斗和肃清盗匪。伍先生访悉此两大问题实有密切关系：械斗之局非必是乡村间彼此真有恶感深仇，而多是有枪的盗匪和地痞赌徒勾结所造成。非将各乡地痞清查出来，加以处理，即无从平息械斗，进而肃清盗匪。于是在禺北高塘办起禺北慕德里司民团养成所，由各乡遴选有品行有知识之青年入所受训；受训费用由各乡公款负担之。伍先生亲自主持养成所教务事宜，于军事训练外尤重视思想教育。于此，他对本乡子弟下了很大功夫，而这些子弟们亦没有辜负他，大都成了后来他抗日游击中一部分骨干。

养成所学员修业期满，即派去各乡分别进行清乡工作。在清乡中定出地方办理治安办法：（一）凡存有枪支不务正业之新旧匪盗，限期准

① 以家族为本的中国社会，数千年来历经了不少的变化。往古且莫妄谈，例如清末即不同于明代和清初，而全国解放后的今天又大不同于清末和民国初期。如像《大学》篇内所云“齐家”的家，既不是今天几口人的小家庭；“治国”的国，更不是今天几亿人民的大国。那时是贵族世家为主的社会，国甚小而家却大。伍先生从他家乡入手工作是不违古义而合乎他的现实情况的。

予自新，一律不加追究；交出的枪支各给回其枪价。（二）限期内仍然顽固抗拒，不报自新者，立时捉送县政府法办。（三）各乡村如再有械斗发生，所有其民房祠宇被焚毁，人口死伤等损失，经官方派兵围剿后责成互斗之乡赔偿之。此办法一经公布，最受匪盗的家族亲人欢迎。同时又有常驻之清乡学员负责侦查，不时活动。不出三个月，禺北全境遂即平靖，人民生活得到安定无扰，为多年之所未见。

在求得乡里安定后，便要兴教育。这原是伍先生回乡抱的大愿之所在，地方安定不过是其前提条件。然而兴教育于社会就在肃清匪患盗风中，既已开其端了。学校教育应即与社会教育并举，于是有慎修学校小学班之开办。校长先推乡中老辈担任，后来事实上名义上都落在伍先生一人身上。这又是他守定劳谦之训。为了慎选教师，特函托于旧友严博球（见前），严从高要以马仰乾为荐。马自此得追随左右迄于伍先生身故，三十多年间深受教益，衷心感激服膺，而伍先生亦喜益友良友之难得云。

当 1921 至 1924 的三年伍先生致力于本乡事情时，李任潮先生在广东军界实力地位逐步增高。起初李先生有时抽身访问南浦村，后来则伍先生不止一次应邀到梧州，在工作上总是彼此关心，互有所帮助。——似闻李在访问时每对学校略有资助，伍先生去梧州则为参与方略规划，或因李领兵远出，代为照料一时。现在莫能言其详。

1924 年春，在孙先生主持下联俄容共，改组中国国民党，是其（国民）党的生命一大转机。1925 年在蒋李合作下统一了广东。1926 年决定出师北伐，蒋为总司令要去前方督师，李为总参谋长负留守后方之责。并且国民政府不久亦将迁往武汉。李自顾责任太重，于是向蒋提议请出伍先生帮他才行。蒋素闻伍先生贤名，甚表同意，属李邀请来省当面商谈。

伍先生身为粤人，关心粤事，兼以伍李关系势须出为臂助。然自忖素不预闻国民党内大事，仍不敢冒昧，随李面蒋时，特提出三点请问：（一）孙总理的三民主义以及三大政策自己向少学习，尚待尽心研究，请允许他暂不入党。——这在国民革命空气高涨的当时，是无人敢于涉想的请求。蒋闻之，有些迟疑，卒亦微笑点首。（二）自己愿为后方治安及后勤业务帮助李公；至如北伐战略、国家大计则不敢妄参意见。蒋表同意。（三）自己身体瘦弱，精力有限，习惯午睡片时，愿先声请许可，以重纪律。蒋笑谓此无问题。最后协议伍先生以少将总参议名义担任总司令部办公厅主任。后来事实上总部大小印信，一切公章均由伍先生掌握，可以代李批答往来公文电报，只有少数待李决定。①

伍先生负责后方总部工作时，我偕同王平叔、黄艮庸到达广州（1926年6月尾），意在体察了解这里是否果有民族生命的新生机，自己初无意参加当时的国民革命军运动。乃不料任潮先生未征求我同意遽然电南京国民政府发表我和伍先生、徐景唐三人为广东省政府委员。伍、徐就职，我没有就职。徐且就任军事厅厅长，伍先生则兼领全省地方武装团体训练员养成所所长事。那时在国共合作之下，各县地方有民团组织，主其事者大抵为豪绅；又有农团组织，则出于中共所发起领导。再则广州市曾经有过商团的组织。当局乃创为地方武装团体一名称，混括一切

① 我写伍先生传略至此，大致告一段落。虽然不能至此结束，而必须写下去。但下文不过粗叙事迹之可见者，鲜能表现伍先生如何用功为学。伍先生之学既是修身做人之学，在他负责的工作中必然处处有其学问功夫在，可惜我们既未随侍他身旁，听他讲解，更且我们自己不曾用功，则于事后亦难揣摩领会以得之，肯定有许多疏略不周。撰写伍先生传略重要在表现他如何为学，初不在叙列事迹；而且有许多经过的事情我们根本不知道，那亦只好省略，不去追查记载于此，特用声明。再则伍先生一言一行有关学问功夫，可供后人学习体认者，请参阅我另写的《礼记大学篇伍氏学说综述》一稿和黄艮庸写的《追忆伍先生》一稿，这里即从省略。

在内，不使其偏左偏右。在此养成所中，调集各县青年干部来省，经短期培养后返回各县地方建立和维持新的地方治安秩序，而以伍先生主其事。伍先生引导我参观，要我讲话。我适怀抱“乡治”的思想主张，自愿为十次的连续讲演，题为《乡治十讲》（共分十个小题目），惜今无存稿。

是年秋冬间粤局突然发生一连串大变化，打破了伍先生维持后方支援前方革命军的理想。此即汪精卫、陈公博居首的左派八个党中央委员驾临广州，而先之以张发奎、黄琪翔率军回粤。张、黄原属李公部下，但此时却归属汪派。一时谣言繁兴，人心惶惶不安。不久汪偕李以赴沪参加党中央全会而离粤的次晨，张黄就以打倒黄绍竑为名而行反李夺权之实。正在陈公博等占据省政府和政治分会之际，出乎张黄意料之外，张黄所部的叶剑英一团人揭举中国共产党红旗举行武装暴动，打开监狱，冲破省市各厅各局，焚掠市区，沿途多所杀伤，全市骤陷于“赤色恐怖”之中，伍先生所在总司令部自然成为攻击目标；当时伍先生如何应付，我适僻处在离省城六十里的新造细墟（黄艮庸家），一切不知。事变后，见到伍先生，但知其平安离去，不知详情。实则逢此关键时刻，最见平日学问功夫，惜我自己不用功，那时竟不晓得向伍先生请教。今日想起伍先生行常说的一句笑话，他说：“俗有‘投机分子’，那便是机会总投向我来。”伍先生身处危局而安然度过，其偶然乎，抑非尽偶然乎？

粤局非久得到平靖，仍归任潮先生主持，伍先生的职守一如其前。所不同者，此时任公见得党内派系纷争莫知所从，不免失望于（国民）党，而转念求他自己如何尽力大局之道。他一向尊重蒋的领导，而蒋此时却猜忌他，举措诸多乖悖。例如张发奎应为军纪所不容而竟率其残部归蒋，蒋为之补充，且令其驻军南京对岸之浦口。左派八个中委曾经监察委员会弹劾受到处分，暂停其出席中央会议之权，而蒋辄许他们照常出席（唯汪已出国）。于是蒋李之间亦即南京与广州之间，俨然分家对立。李公既要自己谋求尽力大局之道，乃始有味乎我初抵广州见面所谈的话，邀我从乡间进省，就宿其总部内，每夜听我细谈中国大局前途的分析料度和主张。他似乎颇有领会。由此我乃开始在他的政治生活中有时参加些意见。我的这些行动，伍先生当时似不谓然，但他未出一言阻止。①

就全国大局而言，1928 年卒得以完成北伐者，端赖李对蒋之弃嫌合作。而此事则由吴敬恒、蔡元培、张静江、李石曾四元老写亲笔信，特派曾养甫持来广州见李，敦劝李去南京一行。于是李入京会蒋，并重新就职总参谋长。粤局乃随（国民）党内一时和睦亦得粗安。为进而谋建设，在两广政治分会内增设一建设委员会，任潮为主席而我代理其事。我原想在广东试行乡治之主张，即受任不辞。顾不料大局变化不得尽如人意。（后详）

在李入京会蒋之期间，伍先生曾代理省府主席职务至李回任为止。是年完成北伐，盖得力于北方之阎（锡山）冯（玉祥），而以末后张学良易帜表见全国的统一。就在表面统一之际，而分裂问题立即发生。此即蒋提出了要取消各政治分会之主张。政治分会者，中央政治会议在外地之简称。如李任公主持两广政治分会之例，太原政治分会阎主之，开封政治分会冯主之，武汉政治分会李宗仁主之，各有其广大统辖地区。蒋将借统一全国事权为名，行其削除异己之实。于是在旧军阀内战之后，新军阀内战继兴。先有 1929 年蒋对桂系之战，后有 1930 年蒋阎冯

① 在写伍先生传时，其势不能不涉及我在广东的事情，却又不应多叙述。读者最好取我所写的其他文字（如《主编村治月刊之自白》等文）来参看。这里略为注明两点（一）我初抵广州同李见面时，他充分信仰国民党能以统一中国，而他从一个军人立场就应坚决拥护党的领导。（二）我冷然地对他说："国家是不能统一的，（国民）党是没有前途的，你的希望都是做不到的"——所谓我的怪话指此。

之中原大战。其时，深遭蒋嫉忌之桂系，事实上是倾心拥护中央者，突因武汉政治分会（李部胡宗铎等主事）将湖南省主席鲁涤平撤职，蒋大怒，势将爆发战祸。1929 年春初李（济深）黄（绍竑）等两广军、政、财主要人物全行北上京沪以求谅解，而当李入京面蒋，遽被其扣押于汤山达两年之久。广东省主席职位先经李移交陈铭枢，在陈同行北上中，由伍先生代理省政府主席。不意陈中途伤脚，滞留香港就医，未得北行，亦未得回任。此时大局方在动荡震撼中而粤局随之，伍先生一身支柱其间，其为平素学问功夫一大考经时机乎！惜吾人未得侧闻指教也。[①]

我的行动应附带在此际一为述及。我原想在广东开办乡治讲习所，试行乡治之主张。但环境似乎不顺，即借词考察各地乡村改进工作，于 1929 年春初（夏历正月初旬）率领一部分同人北游江南、河北和山西，曾写有《北游所见纪略》一文，可参看。而就在此时李公被扣，我无意回粤，便留于北方了。

我在广州期间，于伍先生言动行事且少用心体察学习，离去之后所知道的更少。今撰此事略，对于当年之事主要向伍先生知交和同事各朋友搜集材料而编次之。其事迹即接续上文所述及者，以迄于日寇侵入粤境伍先生率众抗敌初期为一段落。

1930 年陈铭枢由港回任广东省主席，伍先生交卸代职，仍任委员

---

① 所谓桂系者，指目二李（济深、宗仁）黄（绍竑）白（崇禧，其时率军从武汉抵达北京）不过虚有其形式，而内实散漫，缺乏组织。武汉分会撤夺鲁职之命，据李宗仁从上海电告广东诸公者，竟称他事先不知情（我亲看到此电文）。李（济深）黄（绍竑）等立即复电嘱其向蒋请罪，并将撤鲁之命撤销。故南京政府当时有明令李宗仁、蔡元培查办此案。为求得蒋之谅解息怒，两广主要负责人物全都出动，如一向掌握财政之冯祝万亦且同行北上。然蒋决心削除桂系，即于李坦然来见时立加软禁，以至累年不放，固不因李等输诚而有所改变。

如初。在此之前，先生原兼任广东警卫队编练委员会主任和广东筹赈处处长，亦均继续其工作。广东军权在李被扣后即由蒋委陈济棠接管。初时民政军政由二陈分别主持，后来陈铭枢被排挤下台，伍先生亦退出省府，其事约在1931年。

与此同时，广东筹赈处改组为广东省赈务委员会，金曾澄为主任委员，伍先生被列名为委员之一。实际上既无一定职守，伍先生即回本乡南浦村重理乡间治安和教育等事务。

1932—1933年李济深、陈铭枢率十九路军在福建成立人民政府反蒋，有先将入粤之传闻，陈济棠在戒备中，对伍先生有所疑忌侦伺，先生态度安详，卒亦无事。

1935年陈济棠反蒋失败，蒋委派余汉谋接掌军权，黄慕松为省府主席，黄往昔与伍先生同学于北京陆军大学，相熟多年，至此强邀伍先生出乡为助。1936年成立广东农村合作委员会，以伍先生为主任委员。其后黄慕松去职，吴铁城接任省主席，伍先生职务无变动。

吴之后任为李汉魂，伍先生主持农村合作委员会事如故，直至日寇侵粤前夕。先生如何促进农村合作运动的具体情况，惜乎我们未得闻悉。其他如筹赈处的工作亦同此例。伍先生的工作与其学问工夫是分不开的。上文以来等于列举伍先生的职衔而已。

日寇1937年大举入侵，先华北，次华东，1938年10月遂及武汉并广州。粤省当局事先部署抗敌，伍先生即被任为番禺县动员委员会主任委员。1938年成立民众抗日自卫团队统帅委员会，全省聘任二十余人为委员，分地区负责编组自卫团队，亦即兼任其团队司令。伍先生受聘为委员，负责番禺、花县、增城、从化、三水等地区，称为第二游击区。广州失守后，张发奎就任第四战区司令长官，则令改编为游击纵队。不久第四战区迁广西，广东成立第七战区，由余汉谋任司令长官，则又令改游击纵队为挺进纵队。伍先生于是受任挺进第四纵队司令，以迄于最后日寇投降，抗战结束，首尾七年而无改。七年之间此项区划迭有变更，其各区负责的司令人选尤多更换，唯独挺四纵队负责地区无变，且由伍先生始终其事焉。其为偶然之事欤，抑非尽偶然耶！

如前文所述，伍先生1921年从北京回故乡后至1926年应邀进省担任军政各职前的那五年时间，均投身于本乡治安暨教育工作，且培养出不少家乡子弟为其事业的骨干，故而其抗敌游击工作夙植有社会基础，殊非他人所及，值得认真叙述。惜笔者当时未曾追随左右，事后亦未闻先生述说，今唯依据一些材料约举其要。

江高战役及其前后，广州市既未经一战而先撤守，我地方团队群众三千余人在伍先生率领部署之下，防守江村至高塘铁路沿线，阻击敌军，奋战七日夜，敌初不得逞。然卒以敌人从水上（橡皮艇）陆地（步兵）空中（飞机轰炸）三面而来，且从上游流溪河包抄乃不得不后撤，而退守三水北区之鹿和墟。自布防迄于撤退计十一日云。此后由于敌人西进，而敌占区扩大，我军活动范围亦延展至三水四会两县。司令部及后方医院粮械库等机构并设于鹿和。

粮械为军兴两大问题。广州弃守时，市北郊的粮库及军械库都放弃了。伍先生乃指挥所部并发动群众分别抢运利用。粮食在军用之外，且资助随军撤退之家属人等两年多之久；而江高战役所恃以御敌者，亦即其械弹之一部分云。

挺四部队或其前的第二游击部队人员编制均遵上级规定，其人选则由伍先生报请上级加委。但有些必需因事制宜自行增设安置者约百余人，皆地方公正旧乡保长、校长、教员以及其他人士热心抗战而有助于抗战者，于其生活即不能不稍予照顾。于是部队镶糈及一切费用乃超过上级发给之数，势须自行筹措。伍先生标订“勤、俭、公、勇”四字为队训而励行之。在困难中，大家同甘苦，曾经官兵一律每人每月发镶银大圆，米三十斤。其后又遵奉上级规定官兵薪镶按等级分发，前后多有变动，此不详记。

兵员补充则征与募兼行。在所辖近区内男丁及龄受训，有枪皆团。伍先生为此写有《敢告乡人书》全用粤音土语，亲切易晓。其后又有《再告乡人书》，则因费用不济，劝告有资产者（似兼指海外侨胞）之捐输。又写有《两月又半》一小册子，以战斗经历通告各友军参考。

当抗战期间有所谓发国难财者即武装走私。挺四所属队伍散处各地，唯励行勤俭之队训，虽感拮据而军纪整肃，独不出此。但亦有两途稍资补助者：一为查禁烟赌罚款，二为抽收来往盐船货物补助费。

右所云挺四所属队伍散处各地者，除留于司令部的队伍及后方医院、粮械库等机构，随军家属住地的一些队伍之外，其余兵力分别部署在三水属的暾嘴、埠街、大塘、永平，花县属的白泥、赤泥、狮岭、象山、旧花县城、百步梯沿线，并深入敌占区如江村、高塘、蚌湖、高增、人和、嘉禾、龙归、太和、良田、竹料、钟落潭、太平场、帽峰山以至广州市内活动。

挺四主力队伍时时狙击敌人，实行游击战，一进一退大抵由伍先生亲自率领指挥之；其各地分驻队伍侦察敌情，亦复随时袭敌。如是大小战役实难计数。据伍先生旧部称说，首尾七年，对敌大小作战次数统计约在三百至四百次之间云。

如是累年作战次数中，最为人称扬者是良田袭敌一役。良田地属禺北，在广从公路段内驻有日寇统属的伪军一个大队。深夜偷袭，先设法制止狗吠，次泼油纵火，用重机枪攻打炮台，当场生擒敌方顾问日军中尉深丁为雄一名，击毙深丁的老婆及另一名日军顾问官，伪军纷纷逃散，遂一举而消灭其全大队焉。

在七年对敌作战中，先后俘获之日寇官兵约计二十至三十之数，均随时押送战区司令长官部验收，上级均有令嘉奖勉励，并通令知照其他游击各友军。据传日俘供称他们最怕我军独九旅（旅长姓名未详）和伍观淇的游击队，虽特加戒备犹不免时而受到损失云。

1945 年 9 月日寇既投降，挺四司令部暨所属队伍随即奉令结束解散了。①

① 伍先生所统率的部队在前称为第二游击区司令时期，其编制情形兹从略不记。只将挺四司令部编制的实际内容附记备考。

一、司令室：司令官　副司令　参谋长　书记勤杂人员

参谋室：主任参谋一人　参谋四人（内溢出上级规制者二人）

副官室：副官主任一人　副官四人（内溢出上级规制者二人）

军需室：军需主任一人　军需三人（内溢出上级规制者二人）

军械员一人

无线电班：班长一人　报务员四人（内溢出上级规制者二人）、勤杂工五人

法官室：法官一人　书记一人（均上级规制所无）

二、隶属于司令部的各机关组织：

后方医院：军医二人　护士四人

政训室（后改称政治部）：正副主任、秘书、干事等共约二十人

家属办事处（为安置随军家属而设）

军民联合办事处（为联络军民而设）

军粮库　军械库

第一修械所　第二修械所

第一特务处　第二特务处

各处步哨站

反省所

抗日服务团（为照管地方热心抗日人士而设）

时局既定、番禺县成立县参议会，在会议上伍先生当选为议长，同时兼任禺北联防处主任、预闻本地方诸般之事。迨全国解放，局面一新，始引退而去。1950年北上入京访友，寄寓李任潮先生家。时李公为中央人民政府副主席，经其向领导上介绍后得到生活照顾。我趁先生晚年闲暇，偕同学诸友共请先生讲解《大学》及《论语》、《孟子》诸书而笔录之。同人在其间亦颇有讨论，今并录存以贻后世。不久，先生遽以衰病谢世矣。殓时在侧者伍夫人黄敬如及马仰乾、黄艮庸我等诸友。先生二子时清、时忠，女懿珍，诸孙松年、鹤年等适以事均未得在侧云。

此文自伍先生逝世之后即着笔，历二十余年，数易稿，乃得完成。其间所叙事迹盖经多方访查对证者。

1977年9月漱溟

忆蒋百里先生*

1920年（民国九年）一个夏天，梁任公（启超）、蒋百里（方震）两先生由林宰平（志钧）先生陪同来我家（北京崇文门外缨子胡同）访我，以前辈而枉顾我一后学；这是我与两先生彼此交往之始，但其后交往并不甚多；尤其是我同百里先生往还不算多。现在只就其中较重要的两三次回忆如后。

1935年8月20日百里先生经青岛忽到山东邹平，访我于山东乡村建设研究院。不巧得很，那正是我前妻黄靖贤病故之日。他上午便已到达，而我正守护着垂危的病人不得抽身见他。实则我当时并不知道蒋先生到了邹平，因院中同事没有通知我，而代我接待了他。及至下午病人

* 选自中国文化书院学术委员会编：《梁漱溟全集》（第七卷），山东人民出版社1993年6月第1版第1次印刷，第595—604页；原文1985年由梁培宽据记录整理。——编者注

身故，他料知我没有心情与其相见，便径自返回。我于事后得知，也无从明白其来意。

1936年年初的一次会见

这年寒假，我应广州教育界的约请，去作讲演，路经上海，造访百里先生于国富门路他的寓所，一面向他表示歉意，一面向他请教，问他为何去邹平访我。蒋先生说：我是想找你谈谈国家大事，谈谈日本侵略我国的问题。这才清楚他是为了时局紧迫（按日本人大搞所谓“华北明朗化”、“华北五省三市自治”，就在1935这年夏秋间），关心我在山东的乡村工作，想对我有所指教而到邹平的。记得去访问蒋先生的那天恰是旧历元旦，承留午饭，盘桓颇久，谈话甚多。

蒋先生素来熟习日本情况，而各方情报又很灵通，对我首先指出日本大举入侵我国将不在远。他说，中国人固是大难临头有不待言，而最后失败却将是惹事生非的日本人自己。日本人眼光短浅，它很不应当侵略中国。日本文化是接受中国的文化，它侵略中国，对它毫无好处，而给它带来的将是很大的灾难。他断言，华北纵然有失，将为时不久；就连已失去的东北，将来收回亦不成问题。理由是国际情势转变甚快，说不定三年五年就有机会到来。不过外面机会虽不难有，甚且一遇再遇，而我们自己没有准备，不成一个力量，对此种机会不能加以利用，则仍然无希望。……结论就在中国人自己要努力。

蒋原是著名的军事学家，谈得最多的自是将来的中日之间的战争问题。他说到他的所见有以下几点：

一、中国民族夙非以武力见长，民族历史不以武功著称；但每从自卫上发出力量来，亦能战胜强敌，也就是说中国不能打侵略战争，而长于自卫。

二、国家观念在中国人向来不够明强；作为一个国家的中央若非一代开国之时，亦往往力量不强。因为中国人国家观念不够明强，从这方面不容易发挥出力量来，而保卫地方倒能发挥出较大的力量，因而有时一个新的有生命的力量常从地方（民间）兴起来。

三、中国人在种族上素无狭隘之见，却在文化上自具信念。中国人国家疆界与种族界限很模糊，不大与人分，很缺乏国家成见与种族偏见，而文化问题却在中国人的心目中占有一个很重要的地位。中国被外族征服，非第从种族观念上抱亡国之痛，更从文化上而有亡天下之戚，不甘心于文化之灭亡（外族辄俯从中国文化以此）。中国人的力量往往为保卫民族文化一念而显发出来。诚如中国古语所说，“中国而夷狄则夷狄之，夷狄而中国则中国之”。蒋先生还举例说，曾（国藩）胡（林翼）之奋起抗洪（秀全）杨（秀清），曾胡之所以胜，洪杨之所以败，原因甚多，但其中含有一个文化问题。

他又说，决定战争胜败的条件原很多，总括来说不外物的条件与人的条件两大方面。物的条件如地势、经济、资源、武器装备等等；人的条件如主帅的才略、将领的团结、战士的士气等等，也包含很多。可以说这两大方面都很重要，都关系战争的胜败，但总以人的条件为主为先。因为物总是靠人来运用的；如果没有人的运用，或有人而不善于运用，物的条件在战争中的作用就不能很好的发挥或发挥不出来。而人的条件，就一次战役而言，往往担任指挥的将帅才能胆略最显，地位很重要。但如果战争规模很大、持续时间极长，则士兵的关系更为重要。这就是说在此种战争中，其胜败的决定因素却在全体士兵。将来的中日战争可能是长期的，其规模之大也将是世界战争史上所少见。那么，士兵的重要性将居首位。士兵优劣长短，自有许多方面，如体质、年龄、文化程度以及技术精熟与否等等，都关系很大，但它们究不如其心理方面（精神方面）的因素更为要紧。而在心理方面大概又以士兵对其作战之意义有亲切的认识，而从内心里发出力量者为最后制胜的基本条件。

就心理方面而论，在不同社会，人们作战心理各不相同。譬如游牧民族或工商业社会的人们，对于侵略性的作战便有兴味，或说天然是侵略性的，而农业社会则否。农业民族天然不能从事侵略性战争，而长于自卫，他们只有在自卫性战争中乃得发挥出力量。上面所说的三点，均系指出中国人在这类战斗中才亲切有力。这即是说：对自卫战争亲切，对侵略战争则否；对保卫国家的战争不够亲切，而对保卫地方的战争则很亲切；对种族成见不深，而文化理念颇强，愿为之而死。长期的、大规模的战争、战斗不止一次，敌人的优点长处在一次中表现，在二次中表现、三次中表现，但总不能永远表现下去；我们的优点长处，第一次不表现，第二次可表现，第二次不表现，第三次可表现……，总不能永远不表现出来。最后一次表现，即可制胜于最后。

蒋先生又论述了山东的战略地位。他说，在他看来全国形势以山东半岛为最关紧要。其紧要之点有许多，可惜我现在多已记忆不起。有一点将于后文叙述，这里且略提一句，那就是：中国人假如控制了山东高地和山西高地，坚守一些山区，始终把它们掌握住，则中原（北方广大平原）非敌人所得而有。此外山东对徐、海及其以南地方也有屏障作用。蒋先生还提到，袁世凯时代有一位美国名叫乌德的将军来中国考察，袁曾派他去青岛招待陪伴此人，沿胶济、津浦线到北京，随处下车察看访问。乌德曾对他盛赞山东地位之重要不已。后来日本乘第一次世界大战向中国提出二十一条之时，他曾向袁陈说利害，指出必须保全山东；其他可让，唯独山东不能让。他还从历史文化方面对我指出山东的价值与意义。他还说山东人的体质和民气也好，等等。

他又询问我们在山东的工作和设施，我大略告之。在我这次访问蒋先生之前，即 1935 年 10 至 12 月间，我们刚好推动山东省主席韩复榘拟定了一个以改革地方行政和民众自卫训练为主要内容的“三年计划”（1936—1938），此时正好着手执行，为应付敌人入侵，实行自卫做准备，如一旦中日关系破裂，即可发动民众与敌人相周旋。陈述这些是应其所请，同时也是为了向他请教。他于赞许之中，对我备加勉励，并再三向我讲明军队抗击敌人全靠人民力量之理。他说，不唯军队的组成和补充全从人民而来，军队的供应给养和支援全靠人民，作战时还有待人民的配合、掩护等等。最后他期望他所认识到的中国民族的伟大力量（如前分析的三点）将取验于山东。

百里先生谈起话来滔滔不绝。他平素谈话容易兴奋，而这一天更见其兴致之高和精神之好。他的识见和热情使我既受到很大启发，又深受感动。

1937 年七七事变之初的一次会见

七七事变前夕，7 月 2 日我由四川经武汉到北平，深感华北局势严重，形势紧张，即于 5 日赶回到山东邹平，两天后芦沟桥战火即起。山东韩复榘原对应战有所准备，至 8 月初转而有保存实力避免作战的表示。更为重要的是南京政府蒋介石是否决心一战还看不清楚。于是我特地于 8 月初去上海、南京一行，以便弄清当时时局的动向，尤其是要访问蒋百里先生，以便向他请教。

我是 8 月 9 日到上海的，9 日、10 日、11 日，天天去国富门路他的寓所与他长谈。但他一见面却力促我速回山东，要我催促山东当局将重要的物资——特别是兵工厂和民用工业的机械设备、运输工具汽车及车辆修理厂等——尽快西迁。这一则是免于资敌，一则是将来被敌人封锁时需用，缺少它不得。而这类物资多很笨重，运输力又有限，非及时筹划，早日动手不可。他还告诉我，上海工商、金融各界均在政府催促动员之下开始西迁了。此事要紧，我亦知道，只是自己刚到京沪一带，不想立刻回去。经他热心督促，我决定先到南京，打算从南京的山东省驻京办事处向济南通电话或电报来谈此事。

此番到沪听他谈话，知他对抗战前途充满了信心。他总是说："打不了，也要打；打败了就退，退了还是打；五年、八年、十年总坚持打下去；不论打到什么天地，穷尽输光不要紧，千千万万就是不要向他（指日寇）妥协，最后胜利定规是我们的。你不相信，你可以睁眼看着；我们都会看得见的，除非你是一个短命鬼。"他的这番议论听到的人很多，未曾直接听到而间接听到的人也很多，几乎是传诵一时。然而料想不到百里先生本人却竟未及亲见中国抗日战争的最后胜利而先自身逝，真是令人惋惜！

8 月 11 日晚 11 时我乘夜车离沪。车过无锡时，忽然通知旅客一律下车，说车已被军运征用，将运送候在车站上的部队东去上海。后来又候得另一西去列车，继续旅行。因为此时我认为上海战火已起，遂临时改变计划，未在南京下车，而径返山东了。待我 12 日到达济宁专署时，又得知有电报催促我去南京开会，于是我当日又折返南下。待我 14 日晨赶到南京时，知道上海"八一三"战事已爆发了。

1937 年 8 月的又一次相会

8 月 17 日夜我出席国防最高会议参议会第一次会议，在会上又见到蒋百里先生。我告诉他，蒋（介石）约我明早谈话。他说：“好极了！就请你对委员长替我说，我自动请求派去山东视察防务，望他能同意，并通知山东方面。我不再去见他面谈此事，亦不另具书信了。”次日晨见蒋时，我除了谈对大局意见及山东情况，随即将百里先生的请求转达了。蒋介石表示同意，并说：“我即委托你陪同百里先生前去，帮助他多了解山东情况。”待我将此决定回复百里先生时，他很高兴。当下约定次日（19 日）即启程离京去山东。随后他又忽然提出说，此时胡宗南驻军徐州，胡听他谈过我，曾要求他介绍与我相识。他问我，此次路过徐州时是否可以下车与胡见一见。我回答说，今当共赴国难，谈谈是好的。20 日中午车经徐州，胡收到百里先生电报，亲来车站迎接，我们就在徐州停留了 24 小时，次日又乘同一车次北上。那时胡宗南任第一军军长，驻兵徐州。胡要见我是想了解我们在山东的工作。我把在济宁、菏泽、邹平等地开展的民众自卫训练工作和地方行政改革的情况向他做了介绍。胡表示愿去济宁参观训练壮丁的工作，蒋先生也表示要去看看，就约定随后电报联系。

22 日晨抵济南，有民政厅长李树春奉韩复榘之命来站等候迎接。李陪同百里先生去石泰岩饭店下榻，我去省府见韩。韩一见面就问：他（指蒋百里）干什么来？我答说：他来视察山东防务，不是蒋委员长有电报说明了吗？对这样的答复从韩的神情来看似乎不满意，可能认为这是打官话，而非实情。我于是蒋百里先生一向如何重视山东在全国的战略地位，此次来山东纯出于他自己主动的要求的话告诉了韩。当我说明百里先生认为，我们中国人控制了山东高地和山西高地，则广大中原非敌人所得而有；同时我们如控制山东，敌人亦难据徐州；而徐州江北在我之手，南京便得其屏障时，韩竟笑了起来，说：“难道他们南方人还想守住南京！？”随后他说出自己的看法：中国现在只有西撤至平汉路以西，待国际局势变化，合盟国之力乘机反攻，才能收复国土。最后韩嘱托我代为向百里先生致意，请来省府午饭，却没有请我作陪的话。我转身到石泰岩饭店率直地把韩的神情态度以及所说的话全告知了百里先生，他倒说韩之所见并没有错。对此我不免有些诧异不解。于是百里先生给我讲明了其中道理。大意如下：

单靠中国自己的力量无法抗得住强敌，大半国土皆要沦陷而不能守，那是没有问题的，抗且抗不了，要战胜它就更有待国际大势的变化不可了，所以西撤，待机反攻，合盟国之力以求收复失地，这些话自然是都没有错。不过单是这样讲却很不够，单是靠他人，而没有“求诸己”的一面，那怎么能行？须知反攻战胜敌人的主要条件仍然在中国人自己。于此，至少可以举出两个事关紧要的问题：

一、抵抗不了而西撤，要看怎样地撤。在政治上、军事上中国一直不像一个统一的国家，若一旦败退，更见其分崩离析，而不是有领导地、有步骤地西撤，或是撤至西部后闹不团结，缺乏能够对外说话有力的一个中央政府，那纵然有了有利的国际机会到来，怕亦无用。

二、待机反攻，要看如何等待。要积极做准备工作待机反攻，不能无所作为消极等待反攻。反攻的准备工作也不能待西撤之后再做，而要从西撤之日起就着手准备东返。更确切地说，应在未曾西撤时，即做好向东反攻的准备才行。这是从时间上说。再从空间上来说，在西部有西部须做的准备工作，在东部又有东部须做的准备工作；并非撤到西部就放弃东部不管。不然的话，失土岂易收复？

以上两问题，前一个侧重于上面军政（包括外交）领导之协和统一；后一个侧重在下面广大的东部地方留在敌后的民众组织活动。问题虽分为两个,实际上是一体相连的事。过去所说“控制山东高地与山西高地”、“坚守一些山区不放”,这些任务既指正规军而说,亦兼指非正规军(游击队等)而说;既就西撤前而言,亦包括西撤后而言。

若不是经他这一番深入一层的讲清阐明,原来对他的见解我显然理解得太粗浅、太不够了。数十年后的今天来看,他的远见卓识正是一丝一毫不差,全应验了。试看,若不是共产党毛主席将民族矛盾放在首位,坚持抗日统一战线,在西部后方共戴一个政府以对外,蒋先生所说西撤后必须有“对外说话有力的一个中央政府”,以利用“有利的国际机会”将如何实现?若不是八路军、新四军坚持我国东部敌后工作,发动和组织群众,坚持斗争,与国民党部队在西部正面战场抗击敌人相配合,中国人民怎能收复国土,取得后胜利?

这天中午蒋先生应韩之约时二人谈话详细内容似不曾告诉我;或者告诉了我一些,现在我已记忆不起。印象中他们谈得虽不太坏,当然也更不算好。韩复榘既出自私心一心准备西撤以保存自己实力,这何能满足百里先生对山东那样一片深切热情的期望?次日(23日)蒋先生似是由韩的参谋长刘书香陪同,由济南往青岛一带视察。我也因时局紧张,回邹平抓紧布置。我们分手时相约于25日他由青岛我由邹平同时到济南相会,然后相偕赴济宁。先期电知胡宗南,请他亦同日到达济宁相会。

在火车上听百里先生谈其视察经过,他既语焉不详,在我今天更回忆不起,似是沿胶济线曾在高密(曹福林部驻此)等处下车看过,其他如烟台、黄县亦谈及,但记不确切。末后抵青岛,即由市长沈鸿烈(海军出身)陪同视察青岛防务,似曾讨论到将来撤出青岛时破坏各码头等问题。

在济宁我们与胡宗南相会合，由当时济宁专区梁仲华专员陪同参观，主要是了解为准备应付敌人入侵开始推行“三年计划”的情况（详见《七七事变前后的韩复榘》一文）。参观完了，当夜百里先生即随胡的专车南下。此时大战既起，各自奔忙，一经分手，彼此便未见面了。偶尔通信，因行踪不定亦极少。记得他奉命为争取外援，出使欧洲——特别是德国后，我曾收到他寄来的一张明信片，上面印有欧洲风景，虽寥寥数语，而承他远地相忆，颇动我心。今写此文，殊草草不足以尽纪念蒋先生之意。

怀念林宰平先生 *

闽侯林宰平先生讳志钧，是我衷心尊敬服膺的一位长者。当我奉教于先生之始年二十四耳，而今为此文既九十又二矣，追怀往事多半记忆不清。姑就下列几点分记之如左：

（一）民国六年西南护国军倒袁之后，法统恢复，我在司法部任职秘书，宰平先生特嘱部中参事余君绍宋居间致意介绍，是即我得以奉教于先生之始。先生年长于我十四岁，学识渊博，顾乃留意及于小子，盖见到我所为《究元决疑论》一文（刊出于《东方杂志》），侈谈古今东西学术，独崇佛法，而欣赏之也。

（二）民国七年我受聘北京大学，任教文学院哲学系，著有《印度

* 选自中国文化书院学术委员会编：《梁漱溟全集》（第七卷），山东人民出版社1993年6月第1版第1次印刷，第568—570页。——编者注

哲学概论》一书出版，嗣又兼讲佛家唯识学。先生亦留意佛典，且居常默坐澄心，而我每习静鲜有所入，不及先生多矣。

（三）民国九年秋，先生引导梁任公蒋百里两先生偕同枉顾我家，访问佛学于我，此即小子得以亲聆任公先生言教之始，其后数承任公先生赐笔札语及日本人士之佛教研究。

（四）《北云集》有《周易汉象新证序》一文，又有先生与著者雪峰谈易之书札。雪峰姓裴名占荣，尝随我致力乡村工作多年，比及日寇侵据山东，雪峰坚持游击抗战对敌，卒死于鲁境。先生盖尝称其为可以托孤寄命之人云。

（五）《北云集》有送别萧隐公归粤之诗，据我所知萧在前清末年来京入法政学堂肄业，适值先生游学日本回国，即任教于其间。然萧却年长于先生，颇有学养，嗣后居嘉应州会馆讲学，先生亦往听讲（注：此盖已入民国时），于此征见先生之谦怀好学。

（六）先生与粤人伍君观淇（字庸伯）相结识，即因彼此同在萧公之处听讲而来。而我与伍君第一次见面交谈又是在先生家中。正由于伍君给我的印象极好，其后遂彼此订交，且结有姻娅关系焉。

（七）《北云集》有赋赠子真南归诗。子真者黄冈熊君升恒也，为人豪放健谈，亦是经我介绍乃与先生为谈学之友者。熊君著述甚富，有《原儒》上下卷及《佛家名相通释》等多种，皆署名十力，世人率多称之曰熊十力先生。

上文所叙之伍君庸伯亦经我介绍曾与熊君晤会交谈，然两家为学路数截然不同，彼此卒难取益。

（八）前曾说先生年长于我十四岁，伍熊二君虽年长于我各六七岁不等，然比于先生仍少六七岁也。此征见先生在人品学识上取友结交之虚怀。

（九）先生平素关心国事时局者极切挚，既与彼时组织政党活动的梁任公一派系人物相稔熟，却谢不参加（似亦曾列名其间、旋即声明退出）。然先生虽立身高洁不可企及而世人唯觉其态度和蔼可亲，曾不觉察其衷怀之严肃。其后熊十力于先生之逝世，曾为挽联云：德备清和，先生既圣；学通今古，当世几人。（注：孟子书上有“圣之清圣之和”的话）表达其钦佩之心情。

（十）先生为学术事业尽力负责，必须指出者有二事：其一即为尚志学会审定译著各书，付之出版，又其一则受梁任公先生临终委托为其毕生写作审订出版之事。稿件一大箱内有曾经印行者，有未曾写完之件。外间所未及见者，乃至其他种种。于此，具征先生如何见重于任公。其后既经先生手订付之出版者都三十余册，题名《饮冰室合集》，且为之序，备言任公学问文章先后之变化。

（十一）以上就我暮年追忆所及并参考《北云集》，粗略言之，殊未足以表达先生之品德学问，聊供给好学有志之士仰慕前贤之一些资料，如是而已。

1985年9月20日于北京

（梁漱溟印）

怀黄远庸*

1912年我任天津《民国报》驻京记者，这是我步入社会的第一个职业，时年十九。此时黄远庸（名为基，字远庸，以笔名远生行世）于新闻事业已卓有成就，作为同行的后辈对他颇为仰慕，但无缘结识。不意在离开《民国报》后却因一法律问题登门求教于他并由此而缔交。因他又是一位著名律师。

黄远生江西九江人，极富才思和才情，年仅十九即中进士，此后东渡日本习法律，归国后常在《少年中国周刊》、《论衡杂志》和《东方杂志》发表论文，又为上海《申报》等拥有众多读者的大报撰写新闻通

* 选自中国文化书院学术委员会编：《梁漱溟全集》（第七卷），山东人民出版社1993年6月第1版第1次印刷，第627—633页；原文是著者1987年6月10日在北师大“东西方文化研究中心”和“太平洋史学会”联合召开的文化座谈会上的发言摘要，原文录自《人民日报》（海外版），1987年10月6日。——编者注

讯，深受社会人士注目。因他在上层社会广交游，善于从言谈中获悉政治内幕，于字里行间予以透露，在舆论界的影响仅次于梁启超、章太炎诸先辈。

梁启超曾以《中国三少年》为题对民国初年三个有为的年轻人表示赞赏，第一人即为黄远生，余二人为张君劢和蓝公武。三人中我与黄相识最早，彼此深具好感，不幸三年后他便遇害身亡。君劢后为国家社会党主席，抗日战争时期与我往还甚多，有一段时间几乎天天见面。君劢与我同属中国民主同盟发起人。蓝公武民初曾在北京办《民国公报》，也很有名望，似乎不曾晤过面。

我与黄远生前后仅三次见面而甚相契，是因彼此肯定对方的为人。1912 年家兄先往西京大学（今西北大学）任教，不久家妹亦受聘于西安某女校，时年仅十七，由我送她去西安。其时京汉路已通车，自郑州往西则须以骡车代步。此时我正倾心佛法，有意剃度，我茹素至今七十余年，正是始于此时。在西安逗留期间常去卧龙寺盘桓，某日与寺僧交谈中得知康有为尝来此寺将珍藏于寺中的部分佛典径自携去据为己有。康有为海内知名，寺僧敢怒而不敢言。我闻知此事深敢不平，返京后逐为此往访黄远生，以依据法律维护卧龙寺权益问题请他给予指点。当时黄远生作为名律师、名记者居处考究，但对我这身着竹布长衫的青年毫无轻慢之意，接谈得极为恳切，对我提出的各项问题，答复甚仔细，指点得很耐心。接谈时间虽不长，彼此却似有一种相互理解并由此而产生信任感。这便是我与远生先生的首次见面。

次年，我编纂了一册类似《古文观止》的范文文选，取名《晚周汉魏文钞》。自清季以来，世人多推崇桐城派古文，桐城方苞、姚鼐一派的古文注重气韵乃至追求读之音调铿锵。我颇以此为病，认为文章重在说理，应以表达思想为第一要务。这便是我编这一文范的动机。书成后，我登门陈述了自己的意见，如他同意我的意见即烦作序，蒙他慨然允诺。序文中他有如下的话：“……梁君漱溟病古文辞之毗于美术，不适于著述学术。以为适用文字，唯晚周汉魏为近，因辑此抄且谓此非教科书，聊为世人破古文辞之迷执而已。”（见《远生遗著》杂著第四）表达了他对青年后生嘉许鼓励之意，令人至今难忘。

民国初创，政局极不稳定，全国貌似统一，实际上孙中山先生的革命势力只限于东南沿海一带，华北为袁世凯系统的军人所盘踞，其余边远各省则又分属地方势力。而国际上，列强又胁迫民国政府以出卖重大权益作为承认民国合法地位的交换条件。此时的中国，可谓内忧外患无时或已。但对国家危害最大者乃是袁世凯。袁之策划废除共和，阴谋称帝方在酝酿时，黄远生即以《京华通讯》的栏目在上海《申报》陆续刊出新闻报道，揭露袁及其党羽的某些阴谋活动。这些通讯引起关心国事者的注意，这自然也便是日后袁世凯运用种种手段必欲迫黄远生变节为其所用的原因。

及至民国四年，袁世凯谋行帝制的活动日益露骨，为制造舆论计，乃收买、贿赂知名人士为之鼓吹，且包括所谓“中国通”的外国人。记得日本法学博士有贺长雄、美国教授古德诺都曾发表文章，诡称行帝制最宜于中国国情。于国内人士，袁必欲加以利用者，首推对当时舆论大有影响的梁启超，企图以二十万元换得梁任公赞成帝制的一篇文章，得到的却是一篇宏文《异哉所谓国体问题者》，明确表示反对改变国体。梁启超国内外闻名，袁世凯固莫可奈何。不久，我见报端刊出黄远生的文章，就国体问题两面立论，语意模糊，态度似模棱两可，即不言反对帝制亦未见拥护，读后且有顾左右而言他之感。为此我投书章士钊所主编《甲寅》杂志（当时最重要的政治论坛，在日本出版），表示迷惑不解。信中主要谈了两个意思，即：或许是黄远生于国体问题另有主张，盛传袁世凯在上海拟出版《亚细亚报》，黄已受聘主持其事，而我终觉其操行可信，当不致如此。

待黄远生读到《甲寅》杂志上我的投书时，他已脱离袁世凯控制下的北京，只身潜抵上海。他两次投书《甲寅》杂志，一为致士钊先生信，一为就我所投书的复信。在这两封信中他始得直言不讳地申明自己的政治见解，痛陈衷曲，公布袁氏见逼之情状。两信皆表示渴望得到海内人士的谅解，承认那篇论国体问题的文章是一篇“不通之文字”，虽有一些东拉西扯的话，但“劈头便言此事（国体问题）在法律上不得讨论”，即虽有违心之处，仍坚持了不得改变国体的大原则，可说“主旨尚未过于没却良心”。至于我误认他已同意为袁世凯主办《亚细亚报》，他表示“决不敢谓足下所疑之过情，且深感足下即见疑矣，乃不以为不可教，且誉其操行可信，远诚不知何修而得此于足下”。“足下试询与远雅近者，即知远之对于兹事始末用心之可哀。”这时我才知道，黄在北京已处于袁世凯党羽包围之下，身家性命有不保之虞，读此两次投书，不仅解除了我的疑惑，且使我理解到他处境极为艰险，袁及其党羽不容黄不屈服，及胁迫之亟。黄事后以“图穷匕见”形容当时的情况。

说到黄的离京出走，须提到编纂《远生遗著》的林志钧（宰平）先生。林志钧福建闽侯人，久居北京，是民初极有清望的知识分子。林黄同是留日习法律的，林归国后曾在司法部任职，他们的相识并成为知交，大约与此有关。我认识林先生并成毕生挚友是在黄远生遇害之次年。宰平先生亲口对我讲，黄习于晚睡晏起，一日清晨突然来访，以袁氏见逼的情况相告。林先生促他即刻离京，“这是你的生死关头，决不可再事迁延。就从我这里直接去火车站，连家都不要回。”黄远生抵上海后立即在《申报》刊登广告，声明绝对反对帝制，与袁氏出资强要他主持的《亚细亚报》自始至终没有半点关系。言辞愤慨凄苦，足见当时见逼之甚。在其致宰平先生信中有“去都以还，心襟开拓，自由之乐，不可言也”的话，表达了获得政治自由，可直抒己见的愉快心情。

黄远生抵上海不久即筹划赴美。其动机不是远离是非之地寻求个人安全，而是经过一番沉思为自己立下新的生活目标。在致《甲寅》公开信中，他表示“此后将努力求学，专求自立为人之道”，“期于恢复人类之价值于一二”。在给我的信中谈到在北京时，“日思湔拔”，“无日不在痛苦之中”。这和我与他接触中所得印象是相符的。黄远生所与交游者虽颇混杂，然我彼时即有一种感觉：他没有把自己的真面目拿出来，他是有良知的人，常在痛恨自己，是在内心矛盾中生活的人。这种感觉在他给我的最后一信中得到证实，自言“其或有一二疑似之迹、一二俳优应答之作，皆东坡所谓此故我非真我也”。

黄远生的自责十分痛切而真实，他正准备有一新的开始，不意抵旧金山数日后便死于非命。当时盛传系因旅美华侨误认黄为袁党，属误杀；后经证实远生之死与袁世凯无涉，却是丧生于国民党枪口之下。初闻似颇费解，但细读《远生遗著》的论说、通讯诸卷中的文字，便可看出，他实是受民初党争之害。远生屡屡痛责民初各政党不以国脉民命为念，但知为一党之私而争夺，“如古部落人争据城堡”。认为当时政党的作用只是误国，如《铸党论》中曾谓“破坏共和之罪谁尸之，则今之所谓政党者尸之矣”。他深知此种直率的言论遭人忌恨，因而有“然自问发愿作此文时，胸中眼底，无冤无亲，披肝沥血，翼吾国人之一悟，区区此诚天地可鉴也”的话。其于国民党也颇有指责，这便招致了惨祸。

黄远生决心“探求人生之学”，不是极宜寄予同情和期望的吗？执迷于党争者竟仍忍心下毒手结束了这一大有厚望的生命。故我于远生之死于无妄痛心之极，深憾没有来得及把我刚找到的真理贡献给他。此真理即指佛家对人生的认识。以是之故，我遂有《究元决疑论》之作（发表于《东方杂志》）。结束语便是：“余欲造新发心论而未就，比见黄君远生《想影录》悲心愤涌不能自胜，亟草此篇，原为世间拔诸疑惑苦恼，惜远生不及见矣！”

袁世凯为人狡诈，是国家的罪人。无论革命派、维新派、保守派都厌恶他。但民国成立之初，却流行着稳定大局“非袁不可”的看法。对此种似是矛盾的现象的解释无他，即承认现实。孙中山先生就任临时大总统旋即让位于袁，即是承认此一现实。清室退位以前袁之势力已成，清室退位之后中国几无全国政府可言，涣散、混乱达于极地。凡以国事为念者无不希望出现一全国政府、出现一可以维持大局不致更趋恶化的人物。国人望治，而袁世凯不仅窃取权力还包藏着更大的祸心，事先谁何能料想得到呢？1912 年，我作为《民国报》记者，出席了袁大总统就职的仪式。记得袁在众人簇拥下从我右肩擦身而过，瞥见出席此一庄严大典的袁世凯竟未理发剃须，着半旧军装，漫然步入庭中照相。我对袁向无好感，及见这般表现印象自更恶劣。当时不明其故，事后则不难理解在袁心中何尝有民国？当时中国人中属望于袁者不可谓无，但确可谓甚少。姑且信任之，期待局势逐渐向好的方面转变者居绝大多数。黄远生在其文章中曾谓袁“并非不可与为善之人”，还举出袁的“五点长处”，此即当时大多数善良中国人的认识和心理。稍后便感到袁“乃善日少而恶日多”。作为密切注视局势的政治记者，黄远生对袁世凯时时在观察中并最后得出结论：“政局之日趋于险恶者，非他人为之，乃袁总统自为之也。”敢于在报端直指袁应对政局恶化负责，在当时实属不易了。

女孙梁彤读《远生遗著》遇不解处以述往事为请，念此为七十余年之往事，与远生先生有旧者皆谢世，而对当时种种情事近人多不熟知，因据所述整理成文，题曰《怀黄远庸》。

九四叟漱溟识

第三部分　夕拾忆故

悼王鸿一先生*

郓城王鸿一先生七月二十六日在北平作古。呜呼！二十年来，吾民族精神之颓败极矣；于兹而得一见先生其人，所以扶倾起衰，正有赖焉；而天不假年，吾自今宁能复见有斯人哉！

以言乎学问，则先生非老师宿儒也；以言乎行谊，先生非必可为世楷则也。岂但如此。先生于学问，盖正多疏略不讲者；其行事亦复多疏于小节。然而吾先民之精神，正唯于先生其人可以见之。是何也？先生，古之所谓“狂者，其志嘐嘐然”；所赖以扶倾起衰者无他，唯资乎其生平行事莫能自已之一念。狂狷所为近道，乡愿所为贼德者，其判在真伪；先生盖今世之一个真人也。呜乎！吾先民之道，亦岂有他哉；要

---

* 选自中国文化书院学术委员会编：《梁漱溟全集》（第五卷），山东人民出版社 1992 年 8 月第 1 版第 1 次印刷，第 189 —196 页；原文录自《中国民族自救运动之最后觉悟》，上海中华书局 1933 年，第 325—331 页。——编者注

唯人类所固有之精神而已。果存乎其人者真也，斯近道矣！果存乎其人者真也，则光明壮盛，斯足以苏垂死之人心！抑吾民族文化，远从西汉，近自南宋，传演至今，浸殭浸腐，乃有西洋之变。于兹时也，文质并衰，而求文必于质，自非真劲朴厚得于天者，其孰能稍稍振起之？其优于学问，谨于行止者，或适非其选也。呜乎！天生斯人，扶倾起衰，正有赖焉，而又不假以年，莫能竟其功；天命其果不可知也！

愚之辱交于先生，盖自民国十年暑期愚应山东教育厅聘，为《东西文化及其哲学》之讲演。其时先生方沉疑烦闷于新旧思想问题，数访于当世通人而不得解；其门有陈君亚三、王君星五肄业北大哲学系，既尝闻愚绪论，辄为先生言之。邀愚为讲演，实先生意。既敷讲，先生每日从众人列座就听，自始讫终四十日间，未尝一日间断。此四十日中，大雨兼旬，人或阻雨后时；然先生又未尝不先时候于座也。每讲罢，欣快握手，高谈甚豪；于今回首十年矣。古人有云，“如鱼得水”，先生之于愚，愚之于先生，窃有是乐；彼此相得，固大有在言语见解之外者。

愚于先生最有知己之感，而亦自信颇知先生。先生知交遍海内，其人格映于众人心目，或者人亦各有所识。愚交先生十年，所识得者唯在先生生平行事莫能自已之一念。先生固自言之，“吾一生之行动，无论为政为学皆受此不安之一念所支配”[①]。先生所不安者，吾可得而分疏之：其殆心有不平而必争之乎。先生所为不平者，亦尝自言之矣。一则曰：

吾幼年每到邻家，睹其寒苦状况，颇感不安。归即代为想法，

① 语见先生《三十年来衷怀所志之自剖》一文中，曾附录于《村治》第1卷第5期。凡本文所引用先生语，均出于此，不一一作注。

而无如何。所以当麦秋时，遇有偷窃者不肯揭发；辄故作不见以避之，怜其羞且悲其饿也。吾生平不愿呵斥仆人，亦是此种心理。及长，有童年狎友沈某及同学于某皆因为盗丧命；吾心理上，复受有极大感动。因此事推知为盗者多由生计压迫，实可怜悯。而曹属多盗原因，并非生性使然也。及详考乡村会议皆是保富政策；又考之县政省政亦大率类此；贫民苦状无过问者，**深觉天地间不平之事莫大于此**。

再则曰：

同时又与韩君季和商量学问，认为后世奴儒讲学其根本错误之点，即在君臣一伦妄加附会。明明君臣有义，竟解为君臣有忠；明明是师统政治，竟解为君统政治。胜则神圣，败即盗贼；春秋大义，荡然无存。**此实为产生一切不平之总原因**。遂感政治有改革之必要，此吾加入革命之动机也。①

三则曰：

吾与中校同人及学生作学术上之探讨，乃提出中西学术比较问题。认为欧西学术思想归本于教育实业；中国学术思想归本于教

---

①《中华特刊》第 38 页，《恢复民族自信力之研究》一文中，曾解释及此：明明君臣有义，竟解为君臣有忠；所以民族能为盗贼的奴隶，便能为异族的奴隶。胜者即圣祖神宗，败者即为盗寇，全是为奴性学术误了。此等错误直至清初的几个大儒顾黄颜李傅等，才将此点认清。故傅青主谓唐宋以后之儒为奴儒。这几位先生既认清此点，故备历艰难，始终不屈服于异族。辛亥革命推翻满清，都是由他们这种精神生出来的结果，中国民族之能复兴，民族革命的动机，全是清初几个大儒的学说造成。

养；两相参证，是欧西学术精神积个人之有余，中国学术精神补众人之不足也。积有余而社会更感不平，补不足而国家乃可言均。至欧西科学，当然充分容纳以补我之缺；而政治教育上之原则，尚不如吾国学术含有均平意义也。

抑先生更有所大不平者，则在新旧学术界之两种风气。先生既有深爱于孔孟之学，而自宋明以来谈学者，或离体于用，守内遗外，非复孔孟之本来面目；故于旧学界风气尚论乎心性之微，群趋于独善自全，近于佛老之为者，不能不有所大不平焉。朋友学生有误于此者，在所必争；或至于痛哭深伤之。以言先生毕生力气之所用，其用于此问题为不少焉。而十数年来国人崇拜欧洲，抨击固有文化之新学界风气，则尤不能不使先生大抱不平者；晚年之不遑宁处，胥为此一大问题，非有他也。综先生一生，无日不在拼命奋斗之中，忘身忘家，老而弥勇，虽病不衰，而求其果何所为？则莫知所为也，一念不安不平，鼓荡而驱使之耳。

以“有所不平”为说明，似说得先生有如许客气未除。然先生自是一豪侠丈夫；其生质所为近道者，即在一腔侠气。比至于晚年，乃深造于学，则似在五十以后矣。且先生固尝自白之：

吾同韩君季和，自幼而壮而老，一生皆致力革命工作；而其根本两观念，即一为解决贫民生计而革命，一为不满秦汉以后奴儒学术，及更不满奴于欧化俄化而革命是也（今之醉心欧化俄化者亦皆奴儒之类）。明知狂妄心理说出徒惹人笑，然生平志事确是如此，事实俱在，亦无庸讳言者也。

虽有所不平哉，然迹其生平行事又无在不见其恢廓和平之度，则以有其大本故也。试即先生所为不平者，而分求之，则或动于恻隐之心而有所伤惜，或发于是非之心而有所排拒，皆根于其不得已之天怀；夫岂寻常计较之为哉！呜乎！是其所以伟也！

先生之恻恻于民生问题，其一生所举事业于此为多，人所共见；然其是非心之强，思想上务求一是，不肯含糊承认，随俗苟活，则用力虽勤，而有不形于外者，不可不一言之。于此又可以说，先生所谓不安之念者，有心有所疑而不安之一义。何所疑？疑于是非，而莫知所向。生活所向亦唯在利于生活者耳；胡为乎有是非之说？是非观念则人类所以异于禽兽者也。孟子所谓“所欲有甚于生者”，盖于一般生物但求饮食活命之上，乃有其更高要求焉。故生或有所弗乐，患或有所不辟，而顾酌问乎是与非，合理与不合理。往者风教相沿不改，众人习于一是，所向若不难知；自西洋文化之来，旧日文化浸以摇坠，虽众人亦疑于所向，而含糊承认，随俗苟活者多矣。其意识明强之士，乃讨论乎新旧之理，各求其所是，此固吾先民以理性导人，而无宗教锢蔽之好果。先生又吾民族之杰出者也，既一向有其自觉的主张，非徒习于众人之是，其整个生命力方向于其意识上崇高之点以进；此而动摇，骤失所向，其生命直无处安放；其不能不奔走亟亟以求之也，不得不止，有必然矣。此先生所以虽无意谈学谈思想，而又无日不心于斯，口于斯，反复剖别务求乎一是，以为其致力之所向者；凡在朋友学生盖靡不见之矣。征之于先生所自叙者，如云：

> 吾平日好谈事实，不好谈思想，恐引起纠纷，反于事实有碍也。同人多谓我事实派，非思想家，吾亦云然。今为事实所推演，

又多牵涉思想问题入于文化政治范围，非吾预料所及也。

（上略）……更感到此项大问题非从文化上不能得根本解决。适于此时北大新潮发生，蓬蓬勃勃，大有横扫一切之气势；旧欧化尚未认清，新俄化又席卷而来，致使教育界同人目迷五色，莫知所从。而吾所得一知半解之教养思想，亦遂不敢自信，心理上乃稍稍发生变动，以为只要社会能均平解决，自不必执定一说。遂约同六中校长丛禾生先生经北大学生徐彦之介绍晤见蔡孑民、李石曾两先生，谈许久不得要领，……后又谒见胡适之先生，并参读各种新书，……乃盖觉疑莫能释。在此思想未得解决时期，个人应向何处努力，实为自身最感困难之问题。（下略）

吾因思想不得正当出路，南胡北越，寻师访友，积二十余年之久，始能认出致力方向，吾因此推知疑难烦闷者之大有人在也。

盖其生活上必自觉的有所向以进乃安，诚大有莫能自已者在，斯其人所以为真也，所以为古人之狂者也。呜呼！是也，合理也，古今几多志士仁人于此死焉，于此生焉！人类生命之高强博大于此见焉！使人类历史而不见有此要求于其间，不知其为何种动物之历史也！奈何今之人必一则曰人类求生存；再则曰人类求生存；曰从乎共产党之后，以生存利害解释社会之一切，而不复知人心有是非，几何其不相率入于禽兽之途也！凡此辈也，其盖试一省乎先生之为人。

唯以先生自求其致力所向，而非欲讲说于人也，故异乎口耳之学。抑先生之才与境，亦不适于世所谓学问一途。故先生尝自白之云：

吾因苦于无学，枉费半生气力，终无一点是处；且有时心虽知之，而口不能道之，任听邪说横流，青年误入歧途，致陷于悲惨境遇而不知自悔；每一念及，不寒而栗。此后只有勉力为学以补我之缺憾而已。

其写文章，作讲演，只在晚年，即最近一二年事耳。虽无著作传世，或其他可形著于外者，然而毕生精力固尽瘁于是，正不异乎一个思想家。其所见到之处，无论人生问题，社会问题，文化问题，政治问题，每每伟异精卓，开人心胸，耐人寻味，大有资益于世；是则有待于朋友学生为之记述阐发矣。

先生最近尝与朋友书云："吾一生自矢信条，即赤条条而来，复赤条条而去；既不愿居功，更不愿居名，为感于人类之悲惨及民族之危亡，迫而献丑于世，不唯不愿与人争短长，即学问亦无暇成就得，一本无对无我之精神，尽心力以为之而已。"[1] 古人有立德立功立言之说，先生盖一无意于是。及今盖棺论定，愚不敢为阿好之言，先生于斯三者殆一无所似。然而凡在朋友学生，甚或与先生仅有一日之雅者，类皆于先生人格有深刻印象之遗留。是何谓也？吾总以为是唯先生行事有莫能自已者行乎其间，信如先生所自言受支配于不安一念者。或有所伤恻而不安，或有所不平而不安，或有所疑而不安，凡是念也，一一可以动天地泣鬼神历千古而不磨；如之何其不感人深且长也！凡是念也，一一为人类精神之表征，为吾民族精神之表征。人类苟不长此沦溺于贪利斗争之道，自趋于灭绝，而犹有世界新文化之开出也，其必由是念以充之达之；舍是无他道也。吾民族苟不长此颠倒迷扰于西洋文化之后，而犹有

① 愚见先生与朱桂山先生书中，自述其与米迪刚先生书有此数语。

其民族生命之再造也，其必由是念以昭觉之苏起之，舍是无他道也。先生往矣！先生精神所感于人心而遗于后者，得不失焉，得因以继续发挥光大之焉，则近为民族所利赖，远为举世所利赖；类是在先生固自有其不朽者矣。

呜乎！居今日禽兽奚择之世，使吾犹得识乎人类之所以为人者，以有先生在也。居今日民族垂亡之际，使吾犹得识乎民族精神未死者，以有先生在也。今也，既不可复见矣！吾唯以先生感于吾心之印象，拳拳焉藏于吾衷，冀得昭觉扩充吾莫能自已之一念，继续先生之精神于万一。民族生命乎！人类文化乎！薄劣如愚，虽知其不能堪，顾得已于自奋乎！

此文写于1930年，其时吾于共产党缺乏了解且有偏见，故而出语不合。然此文可存，此语不必改，以存其真，且志吾过。

1965年5月梁漱溟识

追悼王柄程先生 *

诸位同仁、同学：在这个追悼会上我可以把柄程先生的过去简略事迹和我们纪念他的意义向大家说一说。

柄程先生在本院本县前后的时间都很久，同仁、同学多半都和他认识，不认识的只有少数新来的人。因为如此，当然对于柄程先生的为人，一定都很有印象，用不着细说。同时我对柄程先生从前的事情知道的也不甚多，对他的立身行事有许多不能说得很详细的地方。

我所知道于柄程先生者，是其“志气”最强，此点很能令我佩服。“志气”是我们乡村运动里面的一个顶重要条件。我常说，如果我们乡

* 选自中国文化书院学术委员会编：《梁漱溟全集》（第五卷），山东人民出版社1992年8月第1版第1次印刷，第932—936页；此文是著者1936年12月28日上午10时在追悼会上的讲话，由黄省敏记，原文录自《乡村建设》半月刊，6卷11期合刊，1937年3月1日。——编者注

村运动缺乏了两个条件，就不成其为乡村运动：第一个条件就是志气，第二个条件就是团体组织；如果没有这两个条件则我们与其他机关的公务人员当一项差使而生活不一样吗？乡运前途还能有什么开展，还能有什么成功?！这两点真是乡村运动的生命，舍此则将无价值，无前途，无生命！柄程先生在头一个条件上我深切的知道他很够。柄程先生对于乡村运动的认识不算深刻，可是他很真挚。我同他的认识，是在十八年我从广东回到北平，那时河南村治学院正在筹备期间，他从河南到北平来访我，这是我们相识的开始。后来我就愿意参加河南工作，而到开封帮助筹备，那时所有的聚会商量都是在柄程先生所主持的教育款产处里面，参加谈话的人也不多，除我和柄程先生外只有梁仲华先生，彭禹廷先生。我们的谈话是常作竟夜之谈的，在此深夜谈话中，使我认识了柄程先生，知道他干乡村工作完全从志愿出发。

他那时是担任河南教育款产处处长的职务，教育款产处是河南全省教育经费独立的经征与支配的机关。以前教育经费是由省府来拨发，教育界争过来自己经营，成立教育款产处自行征收支配。但教育款产在最初划出独立的时候，办的很不好，所收的数目，比原来由省府财政厅所收的数目，还差得很多。因此，那时河南的教育经费就没有法子发足数，甚至教员都立折子每次五元十元的支取，几乎不能维持，这个原因，就是因为当时的教育款产处是采取委员制，委员制的结果就是大家都负责，大家都不负责，不惟不能维持局面，反而形成瓜分之局，每个委员都推荐人去做各县经征员，河南有一百多县，这自然就形成一个争权争利的纠纷情势，哪里能办得好！柄程先生最初也被推为委员之一，但他拒绝了，就是因他看清了这一点，觉得没有人去负专责，事情就没有法子做。这样凑付〔合〕了两年，大家都觉得不如仍然交还给省政府，在这时候于是就有友人劝柄程先生出来担负这件事情。柄程先生当时就表示，如果要他来做，做就要负责，必须废除委员制。所以后来就取消了委员制，由一处长负责。自从他负责以后，情势马上就转过来。以前教育经费征收最少的时候，只到二十多万，后来他经征最高额几达二百万。在这时候他经营甚苦，心里常常动念，就是："如此为教育界服务，但此种教育究竟有什么意义？"他怀疑现在的教育，因而怀疑他自己的工作，最后得一决定，就是如果不能办一种自己心里承认，合乎自己理想的教育，就不要再做这个仅仅是为大家筹钱吃饭的工作了，村治学院的动议就生于此。我以前曾说过，河南、山东的乡村工作与定县无锡晓庄均不同，不是由教育转过来的，而是由政治问题社会问题逼出来的，若从柄程先生创办村治学院这一点动机来说也可说是由教育转过来的。在那时候我听他说他念头的转动最有意义，最为亲切。

不过，如实说来，河南、山东的乡村运动不是由教育转过来的话，仍是真的。河南的乡村工作的确出于乡村自卫乡村自救。柄程先生他就是发动乡村自卫乡村自救之意最早的一个人，似在民国十年光景他写了一篇《国民武装论》，这篇文章实在写的很好，文字非常生动，见解也很真确。其内容主张就是要乡下人武装起来防匪防兵解决军阀问题。他不但写这文章，而他所致力的，也就在此。在民国十三四年，国民二军（陕军）等在河南驻防，河南地方所受的荼毒骚扰非常之大，这给他一种很大的刺激，发动他从事乡村自卫工作的意念。开头所做的差不多是一种比较开明的红枪会，后来感觉到失败了，他知道乡村人民知识不够，武装起来容易盲动，是很危险的。由这里他才转回来从训练学生交纳朋友来重新做这个工作。从这一点上才有河南村治学院的产生。所以说我们是从政治问题、社会问题逼出来的话，仍是真的。

柄程先生本来是学财政的，曾经译过一本《货币学》（商务印书馆出版），现在被选在大学丛书里面。后来因为他用心考求自卫问题，将中国古代兵制以及近代举办团练的成法，更加以后来外国兵制，而有《农村自卫研究》一书之作。在这本书里他不但对组织上训练上用心，并且在乡村保卫的工程上、器械上也都非常用心，后来在河南村治学院以及山东乡村建设研究院都曾讲过这一门功课。

从以上这些事实里都可证明柄程先生的意念真挚，都可认识他真是从志愿出发来做此乡村工作的。如果我们追叙这些年来乡村建设运动之所以有此局面，柄程先生实在是其中的一个最有力的分子！因河南村治学院的成立，大部分都是靠着他，尤其是经费一项完全是由他筹划的，有了河南局面而后方才有山东的局面。如果往前去乡村运动能开大能扩展，柄程先生要算是当时最有功的，他是我们永远不能忘记的一个人！

后来柄程先生到邹平这两年，做事非常勤苦，所费许多心血，如办理自卫训练，举办成年教育，挖河等，都为大家所亲见者，我不再一一地去说他。

关于他个人的立身行事，大概据我所知者，为其早年非常穷苦。他曾于十七岁时一度入陆军小学，仿佛当去的时候是拿一条秋裤换了八百文才考进去的，其贫苦可见一斑。在十八岁时（1911 年）就从开封跑去武汉革命，这段话他自己也说过，当时那种热诚激昂的小孩子气，和我小时也相差不多。后来南军战败了，而他这一部分人还没有名义番号竟出来维持市面秩序。革命成功后回河南，在路途中看见乡村所受的扰害，心里很有感触，革命军也不能不破坏乡村，以后不愿再从事破坏工作。后来他就去北平太仆寺街法政学校去读书，以写字卖文来维持自己的生活，住在一个会馆里面，天天煮一点稀粥来吃。可是在学校中他却成绩很好，是以第一名毕业的。当时有两位很出风头的同学，都和他很好，一个是高元（对国乐有研究），一个是吴统续，在法政学校办的一个刊物上常写文章，就被当时的交通当局收去用，报酬都很高，两个人都介绍他去，他偏不干。毕业后回到家里，没有事情做，那两个人又把他找到北平去做事，他仍不干。他在家里是以手工业——做弹棉花工人——来维持生活，穿着短袄，拿着棉花在街上卖，从这点可以见出他的“不求人”,“有所不为”的意思很强。后来他在乡下做一名小学教员，薪水也不过十几二十元，当时和他有一个很好的朋友，叫李象三。李先生被聘为河南法政学校教员，因为他很看重柄程先生便和他调换工作；李先生说：“我没有家室之累，不需要收入甚多，你家庭负担太重，我俩交换好了。”柄程先生就是这样才到高等教育界去任事。如李先生这样人真很难得，也因为柄程先生才能有这样好朋友。由此，后来才到河南大学任法学院院长，教育款产处处长。如这些，柄程先生都有许多令人不可及处。

至于他的才干，他所表见的成绩，都是很好的，邹平如果不是他，现在也许不会做到这样。很没想到他仅以四十三岁的年龄而我们的事业仍未成功十分之一的时候故去，这真是令人如何的痛惜！

高践四先生事略*

高阳先生号践四，江苏无锡人，于中华民国前二十年正月十八日生。父鼎炎公，母何氏。鼎炎公性行笃实刚毅，为乡邑之长者，以劳工成其业，先后创立工厂于本邑及吴县。先生性活泼，幼年随侍鼎炎公左右，受家教最深，复日夕与现实社会接触磨砻，因以形成严正之品格及精干之素养。初受学家塾，继入吴县唐家弄小学，毕业后入中国公学。时风气已开，政治改革已为普遍之要求，先生受潮流之激荡，感国势之阽危，而发奋救国之志以立。辛亥年中学毕业，与沈志芬女士结婚；家居自学一年。民国二年插入东吴大学二年级，攻法律，四年毕业。是年冬自费游美，入康乃尔大学习经济，对于穆勒氏功利主义及功利主义之

* 选自中国文化书院学术委员会编：《梁漱溟全集》（第六卷），山东人民出版社1993年1月第1版第1次印刷，第451—456页；原文录自《人报》（无锡），1946年7月6日第四版。——编者注

教育甚喜研究。六年夏得硕士学位，即漫游美国南方各州，考察榨油工业，盖与鼎炎公所经营之事业有关也。七年春返国，认定人生应先求自立，更进而廉洁自持，以服务于社会。故返国后，舍弃以父亲关系引入外交部工作之机会，而自请上海环球学生会介绍，以月薪七十元之微薄待遇，执教于暨南学校。入校时，自肩行李书物，布置卧室，日常生活，概自躬处理，不假手校工。旋主持暨南商科，以办事认真，管训严格，深得学生之畏敬，其后真如暨南商科大学实于此时树立基础。八年，先生以父病，返家亲侍汤药，不离左右，而鼎炎公卒于是年弃养。先生哀痛逾恒，凡可以尽其孝思者，无不力践笃行之。丧葬后，尽出具家产，创办私立无锡中学，以为乡邦培育青年，盖鼎炎公自以少时家贫失学，尝抱兴学之愿也。十三年秋，先生离暨南转入中国公学任教。计前后任事暨南六年，所办商科人才辈出，知之者皆谓先生之力云。在中国公学四年，一本其过去主张以施教，不为任何阻碍所屈，一时校风为之丕变。十六年任职招商局，时国民革命潮流弥漫，招商局又难于整理，即于翌年辞职，南游革命策源地之广州，任广东省政府秘书。同年（十七年）秋，以俞庆棠先生之敦劝，受江苏省政府之聘，接任中央大学区立民众教育院，并负责筹设劳农学院。十八年春，受聘兼长劳农学院。先生自长民众教育院后，日夕与民众接近，考察中国社会问题，于是深知救国之道，必在乡村建设。盖认为国势之陵夷，民生之贫困，与民智之不开，科学之落后，社会之缺乏团体组织及自治能力，实互为因果。民族自救之方，虽百异其说，但普施民众教育于广大农村，要不失为起治沉疴之苦艾。其要领则为培养干部人员，深入民间工作，自改善民生入手，藉以亲近民众，唤起民众，启发其组织能力，引进科学知识及技术，于民智日开民生改善之中，社会组织日健，国势自必随之兴隆。先生具此信心，因而殚精竭虑以从事，自后未曾稍易其倾向。为阐发此理论，既研讨其方法，更创刊《教育与民众》月刊，继续刊行至百期之久，对中国民众教育运动推进至大。十九年秋，民众教育院与劳农学院合并，改组为江苏省教育学院，先生连任院长，盖集中其全部精力以经营之。其时民众教育社会教育之设施，日益开展于全国。因与俞庆棠、赵冕诸先生发起组织中国社会教育社，复以救济农村之呼声日亟，而乡村建设亦以风动全国，因又与晏阳初先生及本人等组织全国乡村建设学会。凡所以推进此运动者，无不首致其力焉。同时对其他学术团体，如中国教育学会，中华职业教育社等，凡直接间接与民众教育有关者，亦无不热心赞助，以求声气之互通，与工作之协进。

先生之治事办学，大抵可以笃实践履，严格精勤，规划有方，数语尽之。苏省教育经费例有积欠，垫支校用，校务进行，赖以不致中断，并得切实安定全校员生生活。江苏省立教育学院在先生领导之下，事业日趋开展，而学风优良，国内各大学所不多觏，声誉鹊起，向学者日众，参观请教者，日不暇接，遂蔚然成为国内民众教育运动之中心。学院名义虽为江苏省立，实际上全国各省均在院内设有公费学额，远如滇、黔、粤、桂、川、康、陕、甘学子，亦皆负笈来游。于时，全国社会教育人才之训练培养，各地社会教育事业之研究实验，各省有关社会教育之法令设施，以及目前战时教育及社会服务事业，其间取法于江苏省立教育学院者盖不少。而皆行之卓著成效，则是先生之努力，不徒劳也。先生于民众教育之实施首重生计教育。盖有“民生第一”与“教养不分”之意，因此江苏省立教育学院在经费设备各方面，特别着重农事教育，而寄教育重心于乡村。当时院内各教授亦有与先生意见不尽相同者，先生固时持己见，务求贯彻。但对其他不同之主张，亦能兼容，使之有实验机会。因是，院中附设之实验事业，应有尽有，且由博及约，而类能有特殊之表现。先生过去办学已以严格著名，自主持苏院后，管训学生，更尚刻苦，一切设计，必使有实施办法，而贯彻于力行之中。训导工作，每亲自负责，员生会食，每餐必参加，十数年如一日，从未见其稍厚以自奉也。于训练学生，除学习学科外，例以四分之一时间，在附属实验机关观摩见习，俾从事实际工作。先生既处处以才为教者如此，故出于江苏教育学院者，类能刻苦奋勉，长于实际工作，绝少浮嚣之气，为世所称。

抗战军兴，先生立即安排全院师生下乡组训民众，积极作御侮自卫之计。不久苏嘉沦陷，苏院被迫西迁；初在长沙复课，继迁桂林，间关万里，艰苦备尝。旅途跋涉之中，先生教导学生，一如平日。湘江风雨，师生数十人偪促破舟中，而讲授诵读之声不辍。既抵桂，临时校址决定后，次日即恢复上课，草屋数椽，不蔽风雨，而其乐融融。饭菜粗劣，常人所难以下咽者，而先生食之先，有余甘焉。二十七年夏，院事部署略停，先生为安心工作计，乃将院务交童润之先生代理，亲送眷属回上海。又因家累，羁留沪上年余。二十八年南京伪组织酝酿之前后，敌伪对居留沪租界稍有名望之华人利诱威迫，无所不用其极。稍一不慎，辄不免失足之恨。先生既有名于时，不可不早有以自处。二十九年春遂毅然诀别妻子，只身间道入内地，重返桂林。去时发黑，来时鬓斑，其间辛苦可以想见矣。先生到桂时，与友好门生相见，辄复微笑，若以家庭不足重，得呼吸自由中国之空气，重理旧业不胜其欣慰者。苏院在童先生代理期间，在桂基础略立，至此复得先生领导与当地政府之扶助，发展可期。乃维持至三十年夏，卒因经费不济奉部令暂行停办。旋奉命为国立广西大学校长。先生固辞不获，强起任事。自三十一年春初，频频感冒，体温增高，体重则日减，而所事繁剧，不肯节劳，体力乃渐不支。五月间即呈请辞职，迄未邀准。至三十一年冬，始得给假养息。遂离西大，养疴于桂市东郊陈家祠，仅以老仆侍奉。医药等费颇感拮据，时或赖友人之资助。陈家祠地势卑湿不洁，非养病之所，门生故旧有以设法筹款易地疗养为请者，而先生顾念战时艰难，不愿为个人多费，卒未之易。三十二年一月辞职奉准，教部改聘请先生为全国学术审议委员会专门委员。入春以来，病况似有起色，门下往访，随时接见，每不知倦息。病中又殊念其一手创办之江苏省立教育学院，而谋赴皖南，作复校之计。不意七月六日上午六时，病势突然转剧，呕血不已，竟告不治。此风骨矫强，严格负责，为国家所最需要之一代教育家，竟于贫病交困之中，溘然长逝。享年只五十有二，闻者莫不嗟叹惜之。

先生笃于伉俪，凡久在门下者皆知之。自二次来桂以至卧病陈家祠期间，每周必与夫人通信，指示治家及教育子女之道；夫人亦经常有信来。病境惨寂凄清，而独不作归计，操持有定，以至于死。大节凛然，盖尤足风世云。平生著述，多发表于《教育与民众》月刊中，并著有《民众教育》一书，由商务印书馆发行。其先人产业，既举以兴学，一生复不治私产，故身后境况，极为萧条。书籍千余册，及随身衣物数件，即为先生仅有之遗产。夫人沈志芬女士，远在故乡，子女七人，长者已能自立，最幼者九岁。易箦时，唯第五女瑾玉一人在侧，系新自故乡冒万难赶来侍奉，到桂犹未足一月也。三十二年七月十一日友好雷沛鸿，本人及诸门人葬先生遗体于桂市东南望城岗。墓地前，漓水在望，群山环立，风景如画，足供后人凭吊。先生逝世前曾有遗言，由瑾玉女士笔记，并录如后：

一、平生所抱宗旨为“先公后私，先人后己”。以此自律，并勉励尔辈。

二、待人须忠厚，对长辈须克尽孝道。

三、凡事须前后再三考虑，不可卤莽；方针既定，必宜彻底。

四、余身后决不要以战时艰难之钱，化费于我个人丧葬之用。盖先父并不以隆重华贵之葬礼为荣，居家向来以俭为主。

五、余一生以尽力于江苏省立教育学院最多，前后同学努力为母校增光，是余所至望也。

悼念陶行知先生*

陶先生之死，人人都以热泪痛悼他，人人都抱无限悼念的话要说。这里，我说一些我的话。

陶先生是一个一往直前，奔赴真理的人。他心目中，有他对于社会的理想要求。就在这里，他好便真好，恶便真恶，好恶真切分明，虽然有时不形于色。大家谁都佩服陶先生是一个力行的人。但须晓得，他所以表著出来如此者，正为他内心好恶简捷有力。当今天这个“好话说尽”的世界，一切只见说不见做，越显得陶先生朴勇卓绝，任何人都落在他后边。你只见众人随着他走，受他感动鼓舞而向前；不是吗？他不唯勇往，而且踏实沉毅。因此，勇于奔赴理想的人尽还有，而终不及

---

* 选自中国文化书院学术委员会编：《梁漱溟全集》（第六卷），山东人民出版社 1993 年 1 月第 1 版第 1 次印刷，第 632—633 页；原文录自《陶行知先生纪念集》，1948 年 9 月。——编者注

他。我在此等处，最折服陶先生。我简直要五体投地向他膜拜。

陶先生又是一个富有创造力，遇事能独出心裁的人。反之，“人云亦云”，“蹈袭故常”，在他是绝没有的。陶先生既从事教育，所以在他事业里面无处不具有一段新意趣，新作风，乃至完全新的一套。你看，早的如“晓庄师范”，后来的如“山海工学团”，末后如合川草街子的“育才学校”，不都是如此吗？他心思用在实际问题上，总要寻个诀窍来解决问题。因此，他手到之处便见光彩。这又是我极端佩服的。中国今天最不能因袭，但可怜这老民族竟乏创新之力。对当前的政治问题经济问题，大家总在几种外国模型中转来转去，不能自出机杼。我很可惜中国政治上经济上没有陶先生其人。只有多出几个陶先生，中国才能得救，这是莫有疑问的。

陶先生一生的美德懿行，谁都能数出好多点来。陶先生在教育上的创造，更须写几本书来叙述。我只就其根本处提一提而已。上面所云，是不足尽之的。

末了，我却据实声明，我和陶先生彼此感情虽好，而在思想见解上很有距离。陶先生的言论主张，我常常要保留，而不能马上赞成。每次见面，我总喜欢他，衷心敬爱他。但从没有作过长谈、深谈、畅谈。我自信能了解陶先生，但陶先生尚不十分了解我。

卫西琴先生传略*

卫西琴（Westharp）先生德国人，其德文姓名今不详，[①] 为德国银行总裁某之独子。天资特高，不谐于俗。既深恶德帝威廉之军国主义而倾慕东方古代文明，欧战前夕乃出国东来，历游印度、日本而达中国。随即改隶美国国籍，更用中国文自名曰“卫中”，字“西琴”云。1921 年愚遇之太原外国文言学校，若有契合，彼此交往相处十数年之久。日寇侵入华北华东，愚奔走抗战，音讯顿绝。嗣访闻其流落在日本。1946 年曾因秦德纯参与东京审讯战犯之国际法庭之便，得一联系，旋又相失。推度其在日本身故，年纪六十至七十之间。

---

* 选自中国文化书院学术委员会编：《梁漱溟全集》（第七卷），山东人民出版社 1993 年 6 月第 1 版第 1 次印刷，第 234—239 页。——编者注

① 卫先生后来又曾更名为“傅有任”，似亦从英文某字之音译而来。其原来德文姓名及其家世，愚曾从德国教士而久住中国之卫礼贤备悉之，惜今不尽记忆。

据其自述，尝先后肄业德国几个大学，经历文科、医科皆不终而弃去，末后乃由音乐一科取得学位。盖音乐为其夙所耽好也。顾其所好又与俗殊，莫得知音。唯法国一音乐家能欣赏之，谓其有合于东方古乐；因教以觅读东方古籍译本于巴黎伦敦各国图书馆，是即其倾倒于古东方文化之由来。惜西人所为东方古籍之译本既未必尽切合原义，而读者各以自己意思领会之尤所难免。愚每见卫先生摘取中国古书一些文句揭于壁间，或时口诵而嘉叹之，殆亦类乎此情形者不少。

当其东游抵日本，见日本人事事（音乐在内）步趋西洋，辄鄙夷之，嗟惜之，以至嫉恨之。心谓中国非古文明渊源所自乎，其必不如是。既抵上海，又转至南京而天津而北京，乃知事实上中国方歆羡日本学西洋成功而追踪之，则不能不失所望。每发为言论，直吐胸臆于不自禁。国人乍闻其言，相视诧讶者纷纷然，或疑是疯子，或疑是骗子。值此时欧战发作，其客中生活所需一向赖家中接济者，以德国被封锁猝尔断绝。内外交困，情实难堪。然写出长篇论文，商讨中国教育问题，投书严几道（复）先生求为翻译发表。严先生于其文稿多日未加展阅，更未置答。迫不得已，再度投书自陈来访中国实为怀抱敬仰珍爱中国精神而来，顾久久不得同情谅解之人而遇之，几无可与语者，将自杀。严先生骇然，亟答书慰勉，许为翻译发表。[①] 于是其论文乃以《中国教育议》为题，揭出于梁任公先生当时所主编之《庸言》杂志。

任公先生夙为论坛宗匠，《庸言》又为其时舆情所重视，因之其文其人引起各方注意；卫先生得以受聘为保定高等师范学校音乐教员，解决其一时生计问题者赖此焉。

---

①《庸言》刊出的《中国教育议》一文之前有译者严先生题记的一段话，叙出此情节。

1921年愚既有《东西文化及其哲学》一书问世，太原教育界邀为中等以上各学校作讲演，因得参观卫先生所主持之外国文言学校，辄惊叹其一切措施之新颖而寓有深意。先是某年全国各省教育会开联合会于太原，卫先生特率其保定师范的音乐学生来会演奏，大获好评。[①]复应山西当局邀请讲演于省政府。其时晋省当局方倾心军国主义，见之于各项施政，而卫先生不知也。在讲论教育问题中，本其夙怀力诋军国主义，在座咸为之忐忑不安。不料竟引起当局某种觉悟，信其教育主张有价值，愿留卫先生于太原，俾实验其教育理想，即以成立不久之外国文言学校交由卫先生主持。

前云参观此校惊其措施新颖者，今当述我所见所闻。

据闻卫先生接收学校之初，即停止学生一切学业，并阻止学生回家，先着手安排日常起居生活。学生约百余，大抵为高小初中程度。卫先生以其保定音乐高年生为自己助手，分头组织学生为若干小组，譬喻为小家庭，在卫先生指导下修整宿舍、厨房、厕所（厕所为一注意点），以至讲堂、各种作业室、体育活动、娱乐活动等场所；一切土木工皆师生一同动手为之。布置既妥，在生活上所需各事物亦有些属由学生练习操作或经理之者。如时当冬季，愚承惠赠棉鞋一双，即为学生从技工所习制者。又如煤、米、油、盐、纸、笔等日用品，由学校成宗购进而后零售给各家各人，略同于消费合作社，亦即由职工协助学生经理其事。其他准此可类推。

卫先生于学生饮食、睡眠、大小便通甚注意。当我被引导参观各宿

① 卫先生率领学生演奏的音乐大获好评的事，见于南方某省教育会的陈主素先生参加太原联合会后写的一篇文章。且仿佛记得他说及所奏为中国古乐，其乐谱是从《永乐大典》抄出古《卿云》歌的乐谱。记不准确未便载入正文，附志于此。

舍时，卫先生每呼唤其间因健康问题休假之某某学生，问其夜来睡眠如何，或今晨便通如何，以验知其变化情况；盖其操心入微矣！且闻为增进学生营养，卫先生出其省府顾问月俸之大半以改善学生伙食。愚见学生多半面色红润有兴致，盖有由来也。

如上所述有些情况至今犹然在目。然事隔五十年之久，难于记忆明确周详者正多。此校似不在正式学制系统之内，故得以措施自由；标名外国文言学校，教学似有英、德、法三国语文，且似均由卫先生亲自授课。曾见其不用现成课本，而教学生排演短剧，从剧中人物彼此相语为学习入手，然后及于字母、单词、文法。又如物理、化学、生物等自然科学各有卫先生自编教材（有油印零篇教材赠我），似乎时或亲授，时或有人代授。其他体育娱乐等活动记忆不清，不述。

综观全部情况，卫先生对于此百余学生殆一身而兼父母师保之任，试想其劳瘁为何如乎！

《中国教育议》一文，愚早从《庸言》得见之，且极注意细读。当时只觉其对中国过多赞叹之词、惋惜之语，顾难寻绎得其一定理致与具体主张如何。此番参观虽聆教甚多，亦只能信服其一一措施寓有深意，一时尚难通晓其根本学理。后经多年往还乃始有所晓然。兹略为说明其措施之涵义，以结束上文。

卫先生所为种种措施如上者，一言扼举其要曰：凡以挽救中国人身体衰颓之势，恢复其身体活力而已。要晓得动物只有其种族遗传的身体本能生活，不离自然状态，人类却有其后天不断创造出来的文化生活，脱离此自然状态；其分别要在大脑特见发达而有卓出于身体的人心创造活动。**所贵乎人者即在此能创造的人心**。然人心任何活动却不离乎其身而有创造。中国古人曾有过高尚、优美伟大的文化（音乐在内）创造，盛极一时，是皆其人心优胜的表现。后人享用此文化，渐渐形式徒存，创造不足，寖寖贵心而轻贱乎身。违离乎身的心是虚假的心，难有创造；同时，欠少了心的身亦即缺乏活力，以供给创造材料。于是一面更不能有所创造，一面身体亦现出颓废之势。此即晚近中国历史所以陷于委靡不振的由来。卫先生尝说“按中国情形论，在教育里最要紧的是那常常与感觉（身体力量）有关的心，常常往实用方面走的心”。其必要学生习为手工艺以至商业计算者，意在引其头脑向于实际事务而活动去，非为学生他日就业求职设想。其极关心学生身体营养与健康者，则虑其头脑所得自身体的供应不足，或受到身体方面的牵掣影响也。

卫先生之学系从音乐而入于人类心理的研究，进而尚谈教育问题，着着落在实际上，非徒逞思辨之雄者。聆其言论，读其著作，虽一时不尽了解，总觉其言之有物，值得重视。惜其留存至今者甚少甚少，似只有四十年前北京高等师范学校张耀翔主编之《心理学》杂志内有《男女新分析心理学》一篇（愚手有存），可资研寻。往年愚曾不止一次为文粗浅地介绍其学说，今并失去。近著《人心与人生》一书，当论及身心之间关系时再为概述其大意。世有好学深思之士倘因而引起兴趣更求卫先生原著研究之，发掘之，俾不致湮没，斯则学术界之幸也。

卫先生致力其教育实验约五或六年，自己认为实验效果不如所期；[①] 值学生应届毕业年限，省当局似亦无意续办，遂离去太原，移居北京。愚时谢去外务，偕数友读书郊区，因约同赁屋于西郊大有庄，得有

① 卫先生在其五年的教育实验中，自己学问大有长进，其讲话的记录和著作累积甚多，皆承其先后见赠，今俱散失无存。似乎末后他悔悟其实验相当失败，是片面地从中国人身体入手的那种观点不对。但他没有明白对我说出，故不叙入正文。

朝夕晤谈之便。此 1926 年春初事也。次年 5 月愚赴粤友李任潮陈证如之约；其后既留于广州，乃又荐举卫先生来粤，主办一教育研究所，俾传习其心理及教育的研究。1929 年愚先离粤，卫先生大约延至 1931 年亦离去。

此后闻其一度应邀访问广西，而以客居上海时为多。在沪颇为密勒氏评论报撰写文章，得些稿费，其他所从事不详。彼此踪迹疏远，难得遇合，于今回忆似只偶尔在上海相会两次而已。1937 岁杪上海南京相继沦陷，知其困窘，从武汉以百元寄之，曾得其复谢一信，兼邀愚去香港会晤，愚固不得而赴约也。前云音讯断绝者即指此后而说。余如上文所述，不赘。

1971 年 4 月 15 日漱记

记李守常（大钊）先生事*

李守常（大钊）先生是我的故交，是至熟至熟之友。当 1919 前和其后那些年，我每次赴北京大学讲课，在上课之前和下课之后，必定去他图书馆主任办公室盘桓十分钟至二十分钟。因为太熟了，他忙他的事，我进门或离去均彼此不打招呼。他主编的《每周评论》，我顺手取阅。他有时主动地要我看什么书刊，便顺手递给我，亦不加说明。我坐下翻阅后往往亦无表示。遇有重要书刊我就声明带回家去看，下次来交还。总之，彼此十分亲密随便，没有什么客气。

---

* 选自中国文化书院学术委员会编：《梁漱溟全集》（第七卷），山东人民出版社 1993 年 6 月第 1 版第 1 次印刷，第 483—485 页。据此版本，著者在此文旁写有："另写出《回忆李大钊》一文交付历史博物馆，此稿可不存。"经核对，此稿所记部分内容较《回忆李大钊》一文为详尽，故仍收录于此。原文录自《大杂记本》（二），第 41—42 页。——编者注

但我们相识稍先于北京大学同事之时，彼时他正任职于北京《晨钟报》(后改名《晨报》)。曾记一次他宴客于瑞记饭庄，在座上我和陈独秀初相遇，陈当时是为亚东图书馆募股而来京的，恰值蔡元培先生方接任北大校长，蔡陈早相熟，立即邀陈入北大任文科学长，同时我亦受印度哲学讲席之聘，而守常则是以章行严先生之荐接任图书馆主任的（此职原由章任之，章离京南去）这样我们便同聚于北大了。

上述为1917年即民国六年的事情。1920年冬月我走访守常于其家（他家住西城二龙坑朝阳里某号），告诉他我即将结婚。他笑着说，这在他既是过去二十年前的事了，因而自述生在父死之后，而母亲又在生下他的时候亦死去，所以他竟没见到父母的面，全靠祖父母抚养长大。[①]祖父母自顾年老，便为他早早成婚。婚后不太久，祖父母就故去，只余他和他的赵氏夫人。赵年长于他好几岁（似是成婚时他自己十二岁而赵十九岁）。赵夫人甚贤惠，自愿守在家园而促他去永平府中学求学。（中学卒业后，他进入天津北洋法政专门学校，又去日本留学的，这是后话，非当时谈话所及。）

如所周知，中国共产党创始中为首的是陈独秀、李大钊两先生。一时有南陈北李之称。我记得1927年春有一天去东交民巷旧俄国使馆访看守常，只见来人满屋，大都是青年求见者。守常接待忙碌，我不便打扰他，随即退出。不多日后就闻知他全家被捕消息，原来他家属大小均同住一起，还有些同志亦同住的，因而被拘捕时一同遇难者颇有多人，但亦有恰好出门而得幸免者。当时正是张作霖自称大元帅驻军北京和执

① 顷见《光明日报》1979年10月31日纪念李大钊一文，说他两岁丧父三岁丧母，全不对。人民出版社《李大钊传》一书，说他尚未生而父先死，他生后十六个月母亦故去，与我所闻于李公者差不远。

政之时。我闻讯从西郊赶入城内访章行严先生，愿与章老一同出面将守常家眷保释出来，俾守常少牵挂之念，至于守常本人在势不能免于一死了。惜章老不同意，自称与杨宇霆交好（按：杨是张亲信的参谋长），他可保守常亦不死。结果直至守常死时，亦不知其家人儿女安全否。熟友如我未得尽小小之力，抱憾于衷。——据闻临到守常被引出行刑，其眷属乃释放出来，回到朝阳里旧居。旧居由守常舅父看守，其人嗜酒，灰尘满室。我赶去看望时，守常之子葆华默然植立，不哭不语，其母则哀哭在床上不起来。——以上为彼时我从西郊赶入城内访问之所闻见。

记得当时曾与闽人陈博生（《晨报》主持人之一）相遇于途中，盖亦为关心守常身后事而来者。

补记熊十力先生之为人及彼此交游之往事*

1962年我曾写有《略记当年师友会合之缘》一文，既已略及熊先生事，兹回忆往事觉得有更补记一些情况之必要。先生原为湖北黄冈县人，而家居江西之德安。1919年在北京订交后他即回德安。1920年我介绍他入南京支那内学院从欧阳大师治佛家唯识法相之学。1922年我在北京大学讲印度哲学之外，增讲唯识之学，先后写有《唯识述义》第一、第二册出版（惜第二册今手中无存）。要进而写第三册，觉得于了解此学尚有未敢自信者，经蔡校长同意访求明师于内院。原想延请吕秋逸（澂）先生北来，而欧阳先生不许可，乃改请熊先生。此时熊先生住内院首尾有三年，我意料其当能传述欧阳之学，而欧阳则是能祖述古印

* 选自中国文化书院学术委员会编:《梁漱溟全集》(第七卷)，山东人民出版社1993年6月第1版第1次印刷，第474—477页；原文写于1979年4月3日，录自《大杂记本》(二)，第20—28页。——编者注

度此宗之学者。——唐代玄奘游印度那烂陀寺传来此学，窥基秉承奘师撰《成唯识论》，欧阳则近代严谨勤恳地治此学而弘扬之者。

事情出我意料之外，而且与我所希望者大相背反。熊先生接任北大讲席，竟然撰《新唯识论》一书，悍然改造古学，于其间名词术语且多杜撰。事已至此，我亦无可奈何！（附注：南京内院曾写出《破新唯识论》，熊先生又写有《破破新唯识论》）

中国现行学校制度始自清季之摹仿欧美日本，凡所有哲学、自然科学、社会科学诸名堂皆因袭于外国，而固有之儒、释、道各家之说则均纳入哲学范畴，改变生命上的反躬修养功夫而为口耳四寸间的空谈戏论，实可哂又可哀之事。

然而当今世界固尚处于人类第一期文化，人生态度以对物为主的时代，中国人正被笼罩在近代西洋风气下，其势固宜如是耳。必待最近未来世界转入社会主义社会，亦即是以人对人为主的时代，从而中国文化乃复兴起来，则风气自当一变也。——中国文化一向特重讲求人们相安相处的情谊关系，而人对物（大自然界）的控制利用问题将退居次要，其时学术风尚势将丕变。盖古中国文明实为人类第二期文化之早熟者，如我夙昔所指出。

熊先生于民国十一年（1922 年）冬应邀北来；其时我正聚合一些北大同学如朱谦之、陈亚三、王显珠、黄艮庸等及远从四川北来投我的王维彻（平叔）诸友在景山东街吉安所巷内赁屋同住共学，他抵京便一起同住。1923 年他及艮庸等几人则移至崇文门缨子胡同我家同住；旋移居西郊清华园附近之永安观内（忆是年有日本东京大地震事）。1924 年夏我辞退北大讲席赴山东曹州主持重华书院兼第六中学高中部事。熊先生又偕同讲学其间，收有郯城高赞非等为学生。其后《尊闻录》一书即高生所笔录者。1925 年我们偕诸友退出曹州回京，在什刹海东煤厂赁屋同住一时期。1926 年春初我们又一同移居西郊大有庄内一处大宅院（院内最后一层北房则西友卫西琴居住）。1927 年 5 月我偕同王平叔、黄艮庸去广州，熊先生去杭州借住西湖某寺院，于是分手者数年。然而当我南游时，路经上海，曾偕陈铭枢游西湖，仍与熊先生一度晤会作别也。

1929 年春初我离粤北上，先在辉县河南村治学院，后在邹平山东乡村建设研究院，致力乡村运动，奔走四方，不遑宁处，熊先生则安居讲学著书，为各事其事之时。及至 1937 年日寇入侵，彼此均退处西蜀，乃又有合并机会。虽有合并机会，然我方团结两大党合力抗战，而致力于民主同盟之组织，除在璧山来凤驿西寿寺有时聚首一谈外，仍极少晤面也。

我既以国事奔忙，或不详熊先生行止，或彼时知道，而今记不得。今可得而言者，则熊先生一度应聘于复性书院之事。先是熊先生旅居西湖时，马一浮先生曾为《新唯识论》撰序文，彼此谈学相得。其后抗战期间，马先生入川，应聘讲学，有复性书院之成立。1939 年 8 月熊先生亦被邀到院。不意日寇飞机投弹轰炸波及熊先生寓居之处，受轻伤，复因与马先生一时感情不洽，10 月间即离去。

此时张俶知、黄艮庸、云颂天以及其他诸友适在重庆北碚成立勉仁中学，诸友往时固尝与先生同处而聆受教诲者，熊先生亦乐就诸友谈学著书。此一讲会自不属中学之事，乃别有勉仁书院之称。在中学方面诸友之外，当时一同听讲受教者似尚有周通旦、邓子琴、曹慕樊诸君。——其时中学和书院虽名义上均由我负责，但因我身不在北碚，以上叙述可能有些错误。

据王星贤云，熊先生1946年8月到五通桥黄海工业化学工业社。此社由孙颖川主持，与熊先生谈学甚相得，特于社内成立哲学部，请熊先生主持其事，熊先生意欲扩大规模，而势不可能。1947年卒亦离去，日期记不清。离去后之行踪可能是到北碚与艮庸等熟友相聚。——以上叙述不敢确定，姑供参考。

全国解放之前，熊先生曾一度应邀居住广州新造细墟黄艮庸家。解放后，应董老必武之邀北上入京，住西城大乘巷某号。此时有熊仲光随侍。仲光原姓池，既为熊先生义女，从而易姓名熊仲光云。

忆熊十力先生*

1919年我任北京大学讲席时，忽接得熊先生从天津南开中学寄来一明信片，略云：你在《东方杂志》上发表的《究元决疑论》一文，我见到了，其中骂我的话却不错；希望有机会晤面仔细谈谈。不久，各学校放暑假，先生到京，借居广济寺内，遂得把握快谈——此便是彼此结交端始。

事情的缘起，是民国初年梁任公先生主编的《庸言》杂志某期，刊出熊先生写的札记内有指斥佛家的话。他说佛家谈空，使人流荡失守，而我在《究元决疑论》中则评议古今中外诸子百家，独推崇佛法，而指名说：此土凡夫熊升恒……愚昧无知云云。

* 选自中国文化书院学术委员会编：《梁漱溟全集》（第七卷），山东人民出版社1993年6月第1版第1次印刷，第522—524页。——编者注

因此，见面交谈，一入手便是讨论佛氏之教，其结果便是我劝他研究佛学，而得他同意首肯。不多日，熊先生即出京回德安去了。

1920年（民国九年）暑期我访问南京支那内学院，向欧阳竟无大师求教，同时即介绍熊先生入院求学，熊先生的佛学研究由此开端。他便是从江西德安到南京的。附带说，此次或翌年，我还先后介绍了王恩洋、朱谦之两人求学内院。朱未久留即去；王则留下深造，大有成就，后此曾名扬海外南洋云。

我入北大开讲印度哲学始于1917年，后来增讲佛家唯识之学，写出《唯识述义》第一第二两小册。因顾虑自己有无知妄谈之处，未敢续出第三册。夙仰内学院擅讲法相唯识之学，征得蔡校长同意，我特赴内学院要延聘一位讲师北来。初意在聘请吕秋逸（澂）君，惜欧阳先生以吕为他最得力助手而不肯放。此时熊先生住内学院约计首尾有三年（1920至1922年），度必饫闻此学，我遂改计邀熊先生来北大主讲唯识。

岂知我设想者完全错了！错在我对熊先生缺乏认识。我自己小心谨慎，唯恐讲错了古人学问，乃去聘请内行专家；不料想熊先生是才气横溢的豪杰，虽从学于内学院而思想却不因袭之。一到北大讲课就标出《新唯识论》来，不守故常，恰恰大反乎我的本意。事情到此地步，我束手无计。好在蔡校长从来是兼容并包的，亦就相安下去。

熊先生此时与南京支那内学院通讯中，竟然揭陈他的新论，立刻遭到驳斥。彼此论辩往复颇久，这里不加叙述。我自审无真知灼见，从来不敢赞一词。

计从1922年熊先生北来后，与从游于我的黄艮庸王平叔等多人，朝夕同处者历有多年。1924年夏我辞北大，应邀去山东曹州讲学，先生亦辞北大同往；翌年我偕诸友回京，先生也是同回的。居处每有转移，先生与我等均相从不离，其事例不必悉数。然而踪迹上四十年间虽少有别离，但由于先生与我彼此性格不同，虽同一倾心东方古人之学，而在治学谈学上却难契合无间。先生著作甚富，每出一书我必先睹。我读之，曾深深叹服，摘录为《熊著选粹》一册以示后学。但读后，心有不谓然者复甚多，感受殊不同。于是写出《读熊著各书书后》一文甚长，缕缕陈其所见！[①]

如我所见，熊先生精力壮盛时，不少传世之作。比及暮年则意气自雄，时有差错，藐视一切，不惜诋斥昔贤。例如《体用论》、《明心篇》、《乾坤演》，即其著笔行文的拖拉冗复，不即征见出思想意识的混乱支离乎。吾在《书后》一文中，分别的或致其诚服崇敬，又或指摘之，而慨叹其荒唐，要皆忠于学术也。学术天下公器，忠于学术即吾所以忠于先生。吾不敢有负于四十年交谊也。

1983 年 4 月 23 日于北京

---

①《熊著选粹》与《读熊著各书书后》均见中国文化学术委员会编:《梁漱溟全集》（第七卷），山东人民出版社 1993 年 6 月第 1 版第 1 次印刷，《勉仁斋读书录》部分。——编者注

怀念卢作孚先生*

卢作孚先生是最使我怀念的朋友。我得结交作孚先生约在抗日战争军兴前后（1937年），而慕名起敬则远在战前。我们相识后，彼此都太忙于各自所事，长谈不多，然而在精神上则彼此契合无间。

大约是民国七八年间（1918年或1919年），我去拜访住在天津的周孝怀（善培）老先生，就首次听到他谈起作孚先生。周老先生为宋儒周濂溪之后，在清末曾任四川省劝业道台，后又出长广东将弁学堂，任监督（校长）；著名将领如伍庸伯、邓铿、熊略、叶举等，都是周老主持该学堂时培养出来的。周老先生在向我谈起作孚先生时，对其人品称赞备至。在六七十年后的今天，周老谈起他时的情景我至今依然记得。

* 选自中国文化书院学术委员会编：《梁漱溟全集》（第七卷），山东人民出版社1993年6月第1版第1次印刷，第525—526页。——编者注

周老将拇指一挠，说道："论人品，可以算这个！"由此可见周老对作孚先生卓越不群的品德之称道。

可是我得与作孚先生见面相识，则在此之后将近二十年。那是因抗日战争爆发，我撤退到大后方的四川之后。当时作孚先生与我所从事的活动虽不同，但地点均多在重庆，因此交往较多。在彼此交往中，更感到作孚先生人品极高。我尝对人说："此人再好不过！他心中完全没有自己，满腔里是为社会服务的事业。这样的品格，这样的人，在社会上找不到。"作孚先生有过人的开创胆略，又具有杰出的组织管理才能，这是人所共见。人们对他的了解较多的在此，人们常称道他的自然也多在此，但岂知作孚先生人品之高尚更是极难得的呀！

作孚先生是民生轮船公司的创办人和领导者。他在当时旧中国，内有军阀割据，外有帝国主义的压迫侵略的情况下，创办民族工业，迂回曲折，力抵于成，真可谓艰难创业，功在国家社会。毛泽东主席五十年代在谈到民族工业时说有四个人不应忘记：讲重工业，不能忘记张之洞；讲轻工业，不能忘记张謇；讲化学工业，不能忘记范旭东；讲交通运输业，不能忘记卢作孚。作孚先生受到这样的赞誉是当之而无愧的！

作孚先生还热心致力于地方和农村建设事业。重庆北碚就是他一手筹划和开创而发展起来的，作孚先生及其胞弟卢子英，从清除匪患，整顿治安入手，进而发展农业工业生产，建立北碚乡村建设实验区，终于将原是一个匪盗猖獗、人民生命财产无保障、工农业落后的地区，改造成后来的生产发展、文教事业发达、环境优美的重庆市郊的重要城镇和文化区，现在更成为国内闻名的旅游胜地。1941 年我将创办不久的勉仁中学迁至北碚。1946 年尾，我退出和谈、辞去民盟秘书长职务后，便在这景色宜人的北碚息影长达三年之久，静心从事著述；《中国文化要义》一书即写成于此时。1948 年我又与一般朋友创办勉仁文学院于北温泉，从事讲学活动，直到 1949 年底四川解放后来北京，才离开北碚。在上述我在北碚从事的种种活动中，自然都得到作孚先生以及子英先生的热心支持和帮助。

作孚先生是 1952 年故去的，距今已有三十余年！作孚先生与我是同年，都出生在甲午之战前一年，如果他今天仍健在，也当是九十岁高龄了！

作孚先生是个事业家、实干家，是个精神志虑超旷不凡的人！我们应当永远向他学习！

（1983 年）

第四部分　谈往忆旧

自学资料及当年师友*

无论在人生问题上或在中国问题上，我在当时已能取得住在北中国内地的人所可能有的最好自学资料。我拥有梁任公先生主编之《新民丛报》壬寅、癸卯、甲辰三整年六巨册，和同时他编的《新小说》（杂志月刊）全年一巨册（以上约共五六百万言）。——这都是从日本传递进来的。还有其他从日本传递进来的，或上海出版的，书报甚多。此为初时（1907 年）之事。稍后（1910 年后）更有立宪派之《国风报》（旬刊或半月刊？在日本印行），革命派之上海《民主报》（日报），按期收阅。——这都是当时内地寻常一个中学生，所不能有的丰富资财。

《新民丛报》一开头有任公先生著的“新民说”；他自署即曰“中

---

* 选自中国文化书院学术委员会编：《梁漱溟全集》（第二卷），山东人民出版社 1990 年 3 月第 1 版，1994 年 12 月第 2 次印刷，第 681—685 页；原文录自《我的自学小史》之九《自学资料及当年师友》。——编者注

国之新民”。这是一面提示了新人生观，又一面指出中国社会应该如何改造的；恰恰关系到人生问题中国问题的双方，切合我的需要，得益甚大。任公先生同时在报上有许多介绍外国某家某家学说的著作，使我得以领会近代西洋思想不少。他还有关于古时周秦诸子以至近世明清大儒的许多论述，意趣新而笔调健，皆足以感发人。此外有《德育鉴》一书，以立志、省察、克己、涵养等分门别类，辑录先儒格言（以宋明为多），而任公自加按语跋识。我对于中国古人学问之最初接触，实资于此。虽然现在看来，这书是无足取的，然而在当年却给我的助益很大。这助益，是在生活上，不徒在思想上。

《新民丛报》除任公先生自作文章约占十分之二外，还有其他人如蒋观云先生（智由）等等的许多文章，和国际国内时事记载等，约居十分之八，亦甚重要。这些能助我系统地了解当日时局大势之过去背景。因其所记壬寅、癸卯、甲辰（1902年—1904年）之事正在我读它时（1907年—1909年）之前也。由于注意时局，所以每日报纸如当地之《北京日报》、《顺天时报》、《帝国日报》等，外埠之《申报》、《新闻报》、《时报》等，都是我每天必不可少的读物。谈起时局来，我都很清楚，不像普通一个中学生。

《国风报》上以谈国会制度、责任内阁制度、选举制度、预算制度等文章为多；其他如国库制度、审计制度，乃至银行货币等问题，亦常谈到。这是因为当时清廷筹备立宪，各省咨议局亦有联合请愿开国会的运动，各省督抚暨驻外使节在政治上亦有许多建议，而梁任公一派人隐然居于指导地位，即以《国风报》为其机关报。我当时对此运动亦颇热心，并且学习了近代国家法制上许多知识。

革命派的出版物，不如立宪派的容易得到手。然我终究亦得到一些。有《立宪派与革命派之论战》一厚册，是将梁任公和胡汉民（展堂）汪精卫等争论中国应行革命共和抑行君主立宪的许多文章，搜集起来合印的；我反复读之甚熟。其他有些宣传品主于煽动排满感情的，我不喜读。

自学条件，书报资料固然重要，而朋友亦是重要的。在当时，我有两个朋友必须说一说。

一是郭人麟（一作仁林），字晓峰，河北乐亭县人。他年长于我二岁，而班级则次于我。并且他们一班，是学法文底；我们则学英文。因此虽为一校同学，朝夕相见，却无往来。郭君颜貌如好女子，见者无不惊其美艳，而气敛神肃，眉宇间若有沉忧；我则平素自以为是，亦复神情孤峭。彼此一直到第三年方始交谈。但经一度交谈之后，竟使我思想上发生极大变化。

我那时自负要救国救世，建功立业，论胸襟气概似极其不凡；实则在人生思想上，是很浅陋的。对于人生许多较深问题，根本未曾理会到。对于古今哲人高明一些的思想，不但未加理会，并且拒绝理会之。盖受先父影响，抱一种狭隘功利见解，重事功而轻学问。具有实用价值底学问，还知注意；若文学，若哲学，则直认为误人骗人的东西而排斥它。对于人格修养的学问，感受《德育鉴》之启发，固然留意；但意念中却认为“要做大事必须有人格修养才行”，竟以人格修养作方法手段看了。似此偏激无当浅薄无根底思想，早应当被推翻。无如一般人多半连这点偏激浅薄思想亦没有。尽他们不同意我，乃至驳斥我，其力量却不足以动摇我之自信。恰遇郭君，天资绝高，思想超脱，虽年不过十八九而学问几如老宿。他于老、庄、易经、佛典皆有心得，而最喜欢谭嗣同的“仁学”。其思想高于我，其精神亦足以笼罩我。他的谈话，有时嗤笑我，使我惘然如失；有时顺应我要做大事业的心理而诱进我，使我心悦诚服。我崇拜之极，尊为郭师，课暇就去请教，记录他的谈话订成一巨册，题曰“郭师语录”。一般同学多半讥笑我们，号之为“梁贤人、郭圣人”。

自与郭君接近后，我一向狭隘底功利见解为之打破，对哲学始知尊重；在我的思想上，实为一绝大转进。那同时还有一位同学陈子方，年纪较我们都大，班级亦在前，与郭君为至好。我亦因郭而亲近之。他的思想见解、精神气魄，在当时亦是高于我底，我亦同受其影响。现在两君都不在人世[①]。

另一朋友是甄元熙，字亮甫，广东台山县人[②]。他年纪约长一二岁，与我为同班，却是末后插班进来的。本来陈与郭在中国问题上皆倾向革命，但非甚积极。甄君是从（1910 年）广州上海来北京的，似先已与革命派有关系。我们彼此同是对时局积极的，不久成了很好的朋友。

但彼此政见不大相同。甄君当然是革命派。我只热心政治改造，而不同情排满。在政治改造上，我又以英国式政治为理想，否认君主国体民主国体在政治改造上有什么等差不同。转而指摘民主国，无论为法国式（内阁制），抑美国式（总统制），皆不如英国政治之善。——此即后来辛亥革命中，康有为所唱“虚君共和论”。在政治改造运动上，我认为可以用种种手段，而莫妙于俄国虚无党人的暗杀办法。这一面是很有

① 陈故去约二十多年，知其人者甚少。郭与李大钊（守常）为乡亲，亦甚友好，因曾在北大图书馆做事。张绍曾为国务总理时，曾一度引为国务院秘书。今故去亦有十年。

② 甄君民国八九年间在广东曾任大元帅府秘书，后来去国到美洲，今似在旧金山办报。——著者注

效底，一面又破坏不大，免遭国际干涉。这些理论和主张，不待言是从立宪派得来底；然一点一滴皆经过我的往复思考，并非一种学舌。我和甄君时常以此作笔战，亦仿佛梁（任公）汪（精卫）之所为；不过他们在海外是公开底，我们则不敢让人知道。

后来清廷一天一天失去人心，许多立宪派人皆转而为革命派，我亦是这样。中学毕业期近，而武昌起义；到处人心奋动，我们在学堂里更待不住。其时北京的和天津的保定的学生界秘密互有联络，而头绪不一。适清廷释放汪精卫。汪一面倡和议，一面与李石曾魏宸组赵铁桥等暗中组织京津同盟会。甄君同我即参加其中，是为北方革命团体之最大者。所有刺良弼、刺袁世凯和在天津暴动的事，皆出于此一组织。

略记当年师友会合之缘*

《读熊著各书书后》一文写完辄引起四五十年往事之回忆，因略记当年诸师友会合之缘于此。

我与熊先生初不相识，约在民国八年（1919年）忽接得其从天津南开中学寄来一明信片。内容大意云：你写的《究元决疑论》，我读到了；你骂我的那些话却不错，希望有机会晤面仔细谈谈。彼此相交往即由此开端。《究元决疑论》是我所写一篇谈佛理的文章（今天看起来实在是乱谈一气），先在民国四年夏季各期的《东方杂志》上刊出（商务印书馆出版），后来又收入《东方文库》为小册，我于文中有批评到熊先生的几句话。因先时他在《庸言》（梁任公主编的定期刊物）上发

* 选自中国文化书院学术委员会编：《梁漱溟全集》（第七卷），山东人民出版社1993年6月第1版第1次印刷，第410—418页。——编者注

表过札记式的文章，署名熊升恒（此为其本名，字子贞），代表宋明儒的思想，有反对佛家之语，所以引起了我对他的批评。他信片所云即指此。

不久他就从天津到了北京，住西四牌楼广济寺西院（当时寺僧以余屋出租给客人住）。彼此一见如故，从此，时相过从谈学。他并于离京时，介绍张难先（义痴）先生与我相识，讨论当时的新思潮问题，以后彼此亦成了很好的朋友。

次年（1920 年）我到南京访欧阳竟无先生于内学院，盘桓经旬。我特向欧阳先生介绍熊先生来内学院求学。此时他正在江西德安乡间，经我写信敦促，他即到内学院，问佛学于欧阳先生，一住三年。

熊先生之到北京大学讲唯识论，亦是经我介绍的。我在北大哲学系先讲授印度哲学，写有《印度哲学概论》（商务出版），嗣后又添讲佛家唯识学，写有语体文的《唯识述义》，先后出过两薄册（京华印书馆印行）。第三册却未敢付印。盖自觉对于唯识学不全明白。要讲此学，只有请内院的人来讲才行。我先劝请吕秋逸（澂）先生来北京任教。他不肯来，大约欧阳先生亦不放他来。于是改邀熊先生。熊先生之到北大，似在民国十一年冬了。

他此番到京，即来在地安门内吉安所（街道名称）和我及一些朋友同住。这里离北京大学不远。这些朋友亦多是北大同学，且多为北大哲学系的同学，如陈亚三、黄艮庸、朱谦之、王显珠等。

关于我之到北大哲学系讲课，亦可附此回溯一说。那亦是从《究元决疑论》一文引起来的。我十几岁时就爱谈哲学，而那时哲学书极少见。只见到蔡元培先生的《哲学要领》和王静庵（国维）先生从日本文翻译过来的《哲学丛书》（线装本）等。民国元年我做新闻记者，对蔡先生言论丰采复甚倾慕。虽在一些集会上见到他，却无缘接近请教。民国五年，我任职司法部秘书时，蔡先生以当时教育总长范静生（源廉）先生力邀，从欧洲返国出任北大校长。我以《究元决疑论》文稿为贽，浼范先生送请蔡先生教正。经范公为先容后，我谒蔡先生于官菜园上街他的寓所，蔡先生一见面，即说早从《东方杂志》上看到此文，并存记在心。此次就任北大，特加意办好哲学系，希望我来担任印度哲学讲席。我回答，据闻欧洲人乃至日本人所谓印度哲学者系指数论胜论等六派哲学而说，其中并不包含佛家，而我至多亦不过稍通佛家之旨，对于六派全然未曾留意，何能胜任。蔡先生却说，你固然于所谓印度哲学无研究，但谁又曾研究过呢？我就不知有其人。我立意要将好哲学的朋友聚拢来，创开风气，互相帮助，促进研究。你应明白此意，作为共同学习的一个人来参加，不要以为来这里就是来教人。我这才应承下来。虽应承下来，而牵于司法部事务繁重，终难兼顾，只得恳托许季上（丹）先生，代为授课约近一年。次年我离开司法部而许先生适因病缺课，乃接过手来。——这就是我到北大的一段经过。

再回头来叙述吉安所的事。我到北大，正是“五四”运动前夕，国人接受西洋近代思潮（代表资产阶级的）似较以前为深入，而现代思潮（代表无产阶级的）则适于此时发端，整个学术界风气是极其非薄东方固有学术的。我既倾心东方古人之学，在精神上自感受到一种压迫，必须在自己思想上求一解决。此即《东西文化及其哲学》一长篇讲演的由来。先开讲于北大，由同学陈仲瑜（政）笔录，后讲于山东暑期讲演会，由同学罗常培（莘田）笔录。讲演中提出再倡中国古人讲学之风与近代的社会运动结合为一的主张，所以要聚合一些朋友同志，而当时亦就有人响应我这一号召。除北大三五同学外，还有从四川远道来投我的王平叔（维彻）、张俶知等。在吉安所租得的房屋，即为这些朋友同住共学之处。这些朋友论年龄均略小于我，而熊先生则长于我八岁。他们大都以师称我，因而亦称熊先生为师。后来凡是从我问学或随我做事的朋友大都亦算熊先生的学生，且往往有结下多年密切关系者。寻其端倪盖在此时。

熊著各书中多次提到的林宰平先生（志钧），亦是因我之介绍而后他们才相识，以至成为数十年交契至好的[1]。我写《读熊著各书书后》一文既竟，所最感缺憾者即不及奉此文以请教于林先生。林先生逝世讫兹经年矣。他长于我十四岁，其人品之可钦敬，其学识之可佩服，为我一生所仅见。（忆熊挽林联语云：德备清和，先生既圣；学穷今古，当世几人。）然而我之得以亲近林先生，却还由他先有纳交之意。他正亦是为看了《究元决疑论》，乃嘱托余越园（绍宋）致意于我，而后约会见面的，那时是民国五年（1916 年），越园与我同在司法部任职，固朝夕间易得相见也。

《十力语要》中一次说及偕游赤壁的伍庸伯先生（观淇），更是因我的关系而来。但伍先生和我的关系，却又由林先生居间介绍来的。林伍两先生相熟在先，大约民国八年他托林先生约我相会于林家，向我问佛法。第一次会面谈话，殊不投契。然我实心服其人之真切不苟，断断不肯放过，屡次访他，卒成至交。熊先生与伍先生因之遂亦成为谈学之友。

此外如夏溥斋先生（继泉）、梅撷云先生（光羲）亦均是看到我的《究元决疑论》而引起纳交的。其人皆佛法中所谓大善知识，我从而受

① 著者写有《怀念林宰平先生》一文（见本书第二部分），可参阅。——编者注

益不少。

因《东西文化及其哲学》之讲演而引起结交的朋友更多。而关系最深，踪迹至密，几于毕生相依者，则为王平叔、黄艮庸、陈亚三。

平叔毕业于四川高师，依中等学校教书为生，而当“五四”运动前后，思想烦闷不得解决，几于自杀。既得读《东西文化及其哲学》，决心从游于我。不顾家人生计，辞去教职。路费无所出，则尽卖去其书物。其事至足动人。熊书《十力语要》中所见有张俶知、钟伯良、刘砚僧等姓名，盖皆平叔在高师同学友好，有动于平叔之风，亦先后北来从我，并同问学熊先生者。惜伯良，砚僧故去均早。——似均不足四十岁。而平叔之故（1940 年）亦只四十二三岁而已。平叔在吾侪朋友中最具有主动力，恒能主动帮助人，无论同辈后辈莫不身受其益。回忆我所得朋友的帮助，屈指而计，必首推平叔也。

后生如卢瀚、文德阳并因平叔而接近我。

艮庸、亚三同我的关系皆以北大同学之故而略先于平叔[①]。然北大同学多矣，彼此之接近固自更有缘由。忆“五四”运动后，北京学生界（特别是北大同学间）各种群众性运动甚多，曾有一种“反宗教同盟”，而“少年中国学会”则发起作讨论宗教问题之讲演。其时屠正叔（孝实）在北大讲授宗教哲学，我则讲印度哲学（其内容大抵出于宗教），因而首先被邀；此外则邀请有李石曾等多人。讲演场在第三院大讲堂（容量

① 陈亚三（1895 —1964），山东郓城人。1924 年北京大学哲学系毕业后，终生大部时间追随著者左右。1931 年山东乡村建设研究院创办后，先后任训练部主任，菏泽乡建分院副院长。1935 年任菏泽乡建实验县县长。1940 年任著者创办之勉仁中学校长（四川重庆北碚）。1948 年又任教于勉仁文学院。解放后随著者来北京。先生对先秦哲学，宋明理学均有研究，对易经研究尤有独到之处，并深有道家修养。

最大），愚讲演长达三四小时之久，颇涉及人生问题。艮庸坐听，似深深触动其衷怀，次日访我于家。此即彼此结交之始。当时愚所讲实为后此《东西文化及其哲学》长篇讲演之一部分。

当时与艮庸一同坐听者尚有叶石荪（麐），尔后亦多接近往还。叶、黄在彼时青年界中盖同为倾向无政府主义者。因艮庸而接近我者有其友云大琦。云非北大同学，而是当时北京法专学生，在《十力语要》中屡见有云颂天之名，颂天盖即大琦之弟。颂天为学恳切为己，师友侪辈无不钦重其人。自1924年远从广东海南岛北来投我，同学共处数十年，愚自忖受朋友之益，必不能不念及颂天也[①]。

说到亚三，则必先说山东王鸿一先生（朝俊）。关于鸿一先生之为人，愚往昔有《悼王鸿一先生》一文宜参看。以今日眼光看去则其思想正富于人民性，其人正富于革命精神，其内蕴之侠义骨气直可干云。然先生于中国古人为己而尽伦之学独能体会而力行之。清末之革命既为其先驱，对于“五四”运动新思潮之兴起复深感兴味。顾于深感兴味之中，复大有所不安。不安于其菲薄固有学术文化也。恒谓时人之一意欧化或俄化者皆思想上之奴化云。亚三为鸿一先生之得意学生。民国九年亚三在北大聆愚所为《东西文化及其哲学》之讲演，暑假返鲁为鸿一先生述之。先生大喜，谓颇能解决其思想上之问题，即来京相晤，并邀愚次年赴济南讲演。《东西文化及其哲学》一书即成于此。其后民十三（1924年）为筹备曲阜大学而先办曹州中学高中部（预备学生）及重华书院（预

---

① 云颂天（1901—1983），海南省文昌县人。自1924年来京从学于著者，即毕生追随左右，1928年任广东省立一中教员。1931—1934年在杭州问学于马一浮先生。1934—1937年任山东乡村建设研究院讲师。1940—1965年任勉仁中学教师，校长，并曾兼任勉仁文学院讲师。

备师资），民十八（1929 年）出版《村治》月刊，皆由鸿一倡议而愚赞成之，两人合作。时时居间联系并为愚助手者则亚三也。愚在曹州虽不过半年时间（其事当另详），然其草创颇费一段功夫，聚合一些朋友，且因招收学生而引进一些青年，有自此相从数十年不离者，如武绍文，李渊庭，席朝杰，[1] 吕烈卿等皆是。

熊先生亦当时同赴曹州共事之一人。《十力语要》最初辑录出于高赞非（佩纶）之手，题曰《尊闻录》。赞非之从游熊先生即始于曹州。先是赞非之父高硐庄先生闻愚办学曹州，特遣赞非兄弟自郯城来从学。愚审其资质及学历未令入高中部，而令其专从熊先生。赞非既随熊先生多年，硐庄由是亦与熊先生时时通信问学而相熟。今《十力语要》所存者不过其书信之一二。其后在乡村工作中，赞非为愚得力助手之一。

《十力语要》中又见有马乾符之名，乾符盖其时曹州高中教员。当时高中教员亲近熊先生者非止乾符一人，不过未见于《语要》而已。

1924 年尾愚一人先离去曹州，仍嘱同人继续维持至次年暑期，满一学年而后退出（唯亚三仍留于其间）。曹州高中暨重华书院为彼时聚合朋友，引进青年之一缘会。此一缘会既失，熊先生仍回北大授课，徐名鸿（艮庸之友）仍回师大附中，马乾符仍回山西，钟伯良则经愚介绍至南开中学任教，……其余大都类是。唯愚及平叔、艮庸等数人益切志于学，不谋职业，则赁屋于什刹海东煤厂以为共学聚处。此处离北大不

---

① 席朝杰（1906—1952），四川秀山县人。1924 年至山东菏泽入省立六中高中部求学。1925 年随著者至北京相聚共学，并在北大旁听。1926 年南下参加北伐。1927 年参加南昌“八一”建军运动，1928 年任广东省一中教员。1933 年参加福建人民政府运动。1935 —1937 年任山东乡村建设研究院导师。1939 年任四川南充省民教馆实验部主任，1946 —1949 年任乡村建设学院教授。

甚远，熊先生仍同住。曹州新收学生武绍文，吕烈卿等，以平叔之启发，向学情殷，亦相从不离，虽知此间无毕业文凭可得，不计也。

是年（1925 年）年尾，平叔、艮庸、名鸿偕同去广州，旋即随陈真如（铭枢）参加国民革命军北伐之役。而愚同熊先生挈诸生则于 1926 年迁居西郊万寿山大有庄一处大房内（其时尚有西友卫西琴先生同住）。

平叔等三人之去广州，盖由于其时广州李任潮、陈真如、张难先三公迭次来信劝我暨熊先生南下（共事革命，勿闭户讲学），而我等则推平叔等先往。关于我与李、陈、张三公结识缘由，就此简略一叙：愚之识李，系 1920 年在伍庸伯先生讲学座上，详愚所为伍先生传略中。识陈则由 1923 年夏秋间（此时熊先生住缨子胡同我家），陈北来访我于家。陈在欧阳先生门下学佛，曾与熊先生同住南京内学院相熟，从而知我也。识张则由熊先生之介绍，已见前。又经愚之介绍而张、伍遂相交好，张亦于伍先生讲会上而熟李，李在粤任两江督办时，邀张共事；李平定南路后，推荐张出任琼厓民政厅长。1925 年正是大革命前夕，革命空气紧张热烈，三公既投身其中，亦以革命大义责我等也。其后 1927 年愚乃应邀前往（平叔、艮庸偕行），则政治空气既已大变矣。

熊先生与我有颇长一段时间分手，即在我赴粤以及我在河南、山东从事乡村工作之十年间（1927—1937），抗日战争起后，彼此先后入川复相聚。然愚为抗战奔走，殊少宁息，除在璧山来凤驿西寿寺同住一时外，盖亦不多见面也。

我两人间虽不多见面，其时平叔、艮庸、俶知、颂天以及其他诸友正亦筹办勉仁中学，先则聚于璧山城内或来凤驿，后则移至北碚，熊先生固时时与诸友相依而处，仿佛过去在北京聚处时。我偶得宁息，亦必回至其间，与熊先生及诸友盘桓数日也。盖自 1935 年 8 月先室黄靖贤身故，两儿皆在入学年龄，我自己既难照料，大抵皆依靠诸友为我照顾之。朋友聚处即是我的家。

附识一：艮庸为我二侄女培昭之婿，富眉生（介寿）为我表妹张敬孚之婿。两儿失母后，皆尝得昭侄、敬孚及平叔夫人陈慧卿女士之照料。

附识二：如上所说，1927 年我南下到粤即与熊先生长时分手，抗战入川乃始有时会合。此时熊先生思想似犹未大变，偶尔谈学不契，亦不强求同。解放后聚首北京者三四年，各自有其所事，殊少深谈。及至 1954 年熊先生移住上海之后，其《体用论》、《明心篇》、《乾坤衍》各书陆续出版，种种怪论乃著见其间，则莫能救矣。愚为读熊著书后一文所以未用与熊先生通信论学方式，盖深知此中是非难可与共商榷，只好不出以相示。此或者落于姑息而非君子爱人之道乎？抑亦势所不得不然邪？愚窃莫能明审之矣。

以上为 1962 年旧稿，今 1976 年偶得便续写其他各友关系于另纸，恐有疏漏不周。年逾八十后，精力渐渐不逮也。

访章行严先生谈话记*

1964 年 3 月 18 日访章行严先生于其史家胡同住宅，听其漫谈往事，愚亦偶有插言，分条记之如次。

一、章先生谈辟园先兄往昔在长沙主持实业学堂时，聘张溥泉（继）先生等多人任教员，章本人原在其内。辟园发见他年纪轻，劝他宜求学深造，不必当教员；章既纳其忠言，至今不忘于怀。愚即以辟兄与我的宗族关系告之。辟兄名焕奎，字璧元，与我同高祖。他的曾祖与我的曾祖为亲兄弟。但他的曾祖从桂林避乱出来，就在湘潭落户，后人遂成为湖南人。而我的曾祖在京得中进士，宦游北方，至我们一辈犹保持桂林籍贯未改。1938 年我访毛主席于延安，一见面，毛主席就问我

* 选自中国文化书院学术委员会编：《梁漱溟全集》（第七卷），山东人民出版社 1993 年 6 月第 1 版第 1 次印刷，第 114 —117 页；原文录自《大杂记本》（八），第 1—13 页。——编者注

究竟是广西人呢，还是湖南人？盖 1918 年毛主席初到京时，住地安门鼓楼豆腐池胡同杨怀中（昌济）先生处，而辟园先兄则住缨子胡同我家。杨先生和我虽同在北大哲学系任教相识，但他时常来我家主要是看望辟兄。毛主席习知其事，却又听说辟兄为湘人而我为桂人，颇怪既是一家兄弟胡乃不同省籍？经我解释了，乃明白。

二、我于是谈及杨先生与辟兄交谊之非泛泛，杨称呼辟兄为师。章先生大讶不解，以为此两人同年辈，岂有师生关系。我因举所知来说明。光绪维新，湖南居全国之首。湘抚自陈宝箴以迄俞廉三、赵尔巽以来，辟兄皆以才识见赏于时。当时设施新政如矿务局、如学务处，兄皆参与其间。策国是者当时虽有维新革命两派不同，亦复不少联系。如张溥泉属革命派，而聘入实业学堂即其一例。庚子（1900 年）国难后，时论群趋维新，而维新莫近于留学日本。辟兄建议于省当局从乡试落第诸试卷中，择优选取若干名送去日本留学。当局既嘉纳其议，即属辟兄任其事。经选定后，当局又派辟兄为留学生监督，率领东渡。彼时杨先生适被选取又在随同东渡中。此即其奉辟兄为师之由来也。杨先生诚恳木讷，是其特点，辟兄雅契于心；东游时携有幼弟焕均同行，即嘱焕均拜杨先生为师而从学焉。前文云非泛泛之交，指此。

周道腴（震鳞）先生是革命派老辈人物，当我读中学时先生任教中外地理。1950 年相遇于全国政协会，当先生稔知我与辟兄关系后，曾语我，清末他因奔走革命困于南洋（群岛）某埠，曾得辟兄兑寄二千元。辟兄之赞助革命救国运动，于此见一斑。合附记之。

三、章先生谈民国初建，袁世凯为临时大总统，他游北京时曾与袁一晤，袁遽发表他为北京大学校长，见于当时政府公报。他辞谢不就职。对我说明云，彼时他只三十六岁，非老师宿儒，如其竟然长此最高学府，在国际上将是笑话，被轻视。袁之为此，示恩拉拢，他决不受拉拢。这里须说明袁章之间是有些私人关系的。清季吴长庆统大军驻朝鲜，袁为其中军营长，甚见倚任。其后袁接掌兵权，干预朝鲜内政，盖基于此。吴公子彦复先生雅有才学，为一时名士。其二女弱男亚男并游学日本东京，与章先生相值。章与弱男恋爱结婚焉。袁为吴旧部，章为吴孙婿，此即其私人关系也。袁意欲从私人关系上结纳一革命派人物，在政治上可以彼此利用，其正所谓奸雄乎！

四、章先生谈及 1916 年的北京大学，蔡先生从欧洲应邀回国接任校长，引陈独秀为文科学长事。（注：北大原分设文、理、法三科各置学长一人，其后改为三个院，学长改称院长。）他那时正在日本东京，得陈函电相邀，即回国入北大以教授兼图书馆主任。据谈他与蔡陈两位原是老熟朋友。早在前清光绪三十年（1904 年）他与蔡在上海组织“爱国学社”，他担任体操教员，因他学过陆军。蔡先生同其他学生们一起排队练操。盖其时无所谓师生，彼此互教互学云。又谈 1903 年上海《苏报》（革命派机关报）被封禁后，他同陈独秀曾创办《国民日报》事。又谈 1904 年留日学生以汤尔和钮永建为代表大批退出日本回国组织义勇队，陈为队员之一云云。所有这些事情在我都是珍闻，他们老前辈的救国活动创造精神皆值得我们学习。（附注：可惜汤尔和后来当了汉奸。）

章先生随谈到他介绍杨怀中（昌济）李守常（大钊）进北大之事。杨在北大担任讲西洋伦理学史等课，李则接替他的图书馆主任又兼讲唯物史观。我与守常相识在前，曾记得在一次守常宴客席上遇到独秀。那时他原是为亚东图书出版社募股，从上海来北京的，不期，而遇到蔡元培先生接任北大校长，便应邀入北大了。

章先生最享盛名是其主编《甲寅》杂志时（1914年），守常亦即因投稿而相熟。其后守常且被邀请为其家庭教师，教其子女章可、章用、章因。于是守常与吴弱男夫人遂相熟，且思想意识上相投契胜于章先生。守常、独秀雅相契合，一同发起组织共产党，章先生则保守，甚至不喜白话文。后来（1925年）章先生参加段祺瑞政府任教育总长时，从盛名在舆论上转为骂名，此则由其个性之强也。

附记：在《我的自学小史》一文中，记有关于章先生的一些事情，可以参看。

又附记：行严先生在学术界才思敏给，冠绝一时；在时局政治上自具个性，却非有远见深谋。论人品不可菲薄，但多才多艺亦复多欲。细行不检，赌博、吸鸦片、嫖妓、蓄妾媵……非能束身自好者。每月用度不赀，率由其时其地秉政者供给之（如蒋介石、宋哲元、毛主席先后均曾供给）。

略记当年师友会合之缘（续）*

今续记各师友关系，信手写来，殊无次序。然大约有因北京大学而生关系者，有因河南山东乡村运动而发生关系者，不妨分别叙述之。

我任北京大学讲席是从 1917 至 1924 年之一期间。在人数众多同学中结有友好关系者，其或既著见前文即不再赘及。前文未之见而精神上形迹上相亲合者有罗膺中（庸）。1949 年膺中应勉仁文学院之聘从西南联大来北碚，不久竟尔身故，可惜莫甚。幸有王星贤（培德）廿年至今同住北京，时常相会，最为彼此得益。我的书籍大部分约三万余册 1950 年捐赠重庆的西南图书馆，小部分为京寓常用书，在 1966 年 8 月 24 日"文化大革命"中为红卫兵小将所撕毁或运走不知去向。治学写

* 选自中国文化书院学术委员会编：《梁漱溟全集》（第七卷），山东人民出版社 1993 年 6 月第 1 版第 1 次印刷，第 418—422 页。——编者注

稿不能离参考书，只有索借于朋友。索借对象王星贤其一。至今手边案上架上盖不少借之星贤者。我写《人心与人生》，每写出一部分即送星贤看，星贤有意见辄指出修改之。

十年来（1966—1976）我借书对象星贤而外约有如下几家：

一为朱谦之。谦之收藏颇富，得其助益不少。谦之故后，其夫人何绛云犹时时供给一些。（今其书或捐赠或出售，已无存。）

一为老同学张申府。申府好收书，又多旧藏。申府富于学识，资助我者不少。（七十年前申府与我在顺天中学同学。）

一为郭大中（镛）。大中的书不算多，但我今案头用的书有些却是他的。大中与我结识，由张云川介绍，那是我1950年由川来京后的事。结交虽晚于他友，但近年过从较密者不能不数大中。

于是转而谈到张云川。云川原名张长濬，徐州人。为人爽朗有豪气，其夫人李芸书则温文有礼。云川与我的关系似是从宋乐颜而来。1929年乐颜随我在辉县百泉河南村治学院时闻云川在青岛被捕，托我设法营救。现在事隔几近五十年，记忆不清。乐颜与云川相识似是在1927年北伐军中。乐颜从我工作颇早，且甚久（云川未尝随我工作），先在河南，后在邹平，末后在北碚勉仁中学，竟故于勉中。

河南村治学院之设立，值得一为叙说：先是河南省教育界争取得教育经费独立，成立河南省教育款产处，由教育界推举王柄程（怡柯）任处长，主持其事。柄程人格俊伟，尤长于经理营运财务，卒使全省教育经费无绌欠而外，且有储存。村治学院即赖此储存款项而得举办。柄程与镇平彭禹廷（锡田）孟县梁仲华（耀祖）为兄弟交。村治学院即由彭任院长、梁任副院长。1929年设筹备处时，我适从广东北返，且因广东政局改变，不回广东。经王鸿一先生介绍，与仲华、禹廷、柄程会晤于北京。我在广东原有“村治讲习所”之建议而未及实现。至此乃受聘为村院教务长，共同致力北方的乡村工作。

1929年正是冯玉祥驻兵河南时，村院之得以建立据闻盖经由王鸿一，梁式堂（建章）素为冯所礼敬的两先生而建白于冯者。

然此事之发动亦自有其由来。民国以来河南一省为东西南北四战之地，兵败为匪，匪聚为兵，积年兵匪之祸迫使村农组成红枪会以自卫。会中恒杂有迷信邪教，且有时为人操纵，彼此冲突。有心人士如彭王诸君盖发愿为知识分子领导的开明的农村自卫运动也。

1930年蒋阎冯中原大战，村院成立未满周年，即以蒋军入主开封而告终。学生三百余人结业散去，其中有以精神感召始终不失联系者数人，为孟宪光、赵道一（德庆）、李健三、常泰和等。

继河南村治学院而起者，是即山东乡村建设研究院。冯部将领韩复榘先为河南省政府主席（有名义无实权），冯部西撤入关中时韩脱离冯而东进，蒋以中央政府名义任命他为山东省政府主席。村院结束，副院长梁仲华去济南向韩做报告，韩即面邀村院同人到山东来继续未竟之志。我与仲华及诸同人商议不沿用“村治”或“乡治”两词，而提出“乡村建设”一词；又改学院为研究院。院内分设乡村建设研究部及乡村服务人员训练部，推仲华为院长而我为研究部主任。其他人事安排大抵多用一些山东人。

彭禹廷未预闻山东事，回其镇平本县，闹“地方革命”（彭所创名词），改革田赋制度，有地三亩以下者可不纳粮，向地多之地主则累追加重征收。全县原分十个乡区，即成立“十区联合办事处”，俨然将代行县政府职权。凡其所为极得群众赞同钦仰。然不幸其后竟为奸人杀害而死。

乡建院于前述研究训练两部外，更有乡村建设实验区，即以院址所在之邹平县地区为之。县政府隶属研究院，县长人选由院方提名而省政府任命之。其后在全国第二届内政会议上通过县政实验区方案，则县政府之组织规程亦得以自为设计实验，不必循乎一般。

乡建院始于1931年春季，至1937年日寇入侵而结束。七年之间我自己曾以院长兼县长者偶尔有一次，时间不过两个月。如此短时间更不必报省府，前后任县长者不一其人，今不尽省忆。其间任县长两次且为1937年末任县长者为徐树人。

大约在1932年间，我兼主编《村治月刊》，月刊社设于北京旧刑部街（此街道，今并入复兴门大路），我有时由邹平回家（家属在京）亦到月刊社看看。一日忽遇徐树人来月刊社购书攀谈相识。盖徐有老父住家离月刊社不远。他本人那时方任河北省东光县县长，偶然请假省亲到京。据他谈，我在《村治月刊》上发表的《敢告今之言地方自治者》一文对时弊——中央部院官吏昧于地方基层病态实况——抉发最透辟。他初任县长本想为地方自治事业建树一点基础，方符合推翻帝制建立民国之意旨。岂知在现行法制政令之下，举凡上级（中央或省府）所责成于县乡的一切事务只有假手土豪劣绅才得敷衍门面，应付办到。自己内心痛苦不安而无可如何。东光适在津浦铁路线上，我来往北京济南所必经过，他遂邀我路过东光时，到他县府休息一谈。后来他竟辞去县长到邹平求学。经过一段时间，我用他为院长室秘书。后来就推荐他担任邹平县长。

于是联想到萧克木。[①] 克木遇我于《村治》月刊社售书处，其情景恰

---

① 萧克木（1905—1985），江西永新县人。1922年起先后就读于北京汇文中学，中法大学。后曾供职于中央研究院历史语言所。1932年起工作于山东乡村建设研究院，任乡村书店经理。解放后任东北银行专门学校和东北财经学院副教授。1985年于辽宁大学退休。

与树人相似。我见其意殷殷，即引其进客厅叙谈。克木竟然伏地下拜，说对我钦仰已久，非如此不足以申其夙敬。他自陈先在上海新月书店学徒，后被召来京为胡适之掌理私人图书，极有志进修云云。我即许其到邹平一边工作一边进修。后来在邹平院内担任出版股工作，治事条理清楚，有创造计划，而自己勤恳修学尤不可及。抗日战争中设乡村书店于汉阳门码头，武汉退守又迁书店于重庆市衢，克木皆身为经理，功不可没。（后以敌机投弹轰炸重庆乃歇业。）

沈钧儒先生与政学会

——兼记袁世凯死后的南北统一内阁*

沈钧儒先生是1937年抗日战争前夕发起救国会，代表广大社会群众要求南京蒋政府莫打内战而抗日的“七君子”为首人物。这是人所周知而共仰的。但1917年即民国六年沈老曾与我共事于北京政府司法部，且参与当时发起组织政学会的活动，似少为人所留意。兹先简述昔年政局变化的史实如次：

（一）袁世凯帝制失败，遂有南北统一内阁之产生。

---

*《张公耀曾生平及家世》一文可参阅。——著者注［参见中国文化书院学术委员会编：《梁漱溟全集》（第七卷），山东人民出版社1993年6月第1版第1次印刷。——编者注］

本文选自中国文化书院学术委员会编：《梁漱溟全集》（第七卷），山东人民出版社1993年6月第1版第1次印刷，第553—556页。——编者注袁世凯帝制失败，主要是由西南各省护国军起来后全国响应之故。然而袁虽倒而北洋军人势力仍然得以维系者则端赖有段祺瑞其人。远从清季以来段的权位势力即仅次于袁，而为袁所倚重。入民国后一向任陆军总长。他为人正直，与段芝贵、雷震春等许多人，大有泾渭之分，抗声反对帝制，即于帝制热闹中坚决辞职离京，退隐西山。袁再三慰留不得，只好以王士珍代长陆军部。

袁在称帝之前，为集权于总统府，废除国务院，而设置政事堂，一切机构大改。及至帝制失败，袁羞愤将死，乃挽段出山。段出，拥原副总统黎元洪依法继任大总统。黎任命段为国务总理，恢复国制如初。此时西南护国军方面与北京合乎法统的黎、段政权之合作乃大势所趋，人心所向，便出现了南北统一内阁。

（二）当时号称南北统一内阁者，盖以张公耀曾代表西南方面北来入京参加了中央政府也。在政府中张公任司法部总长，而徐谦氏为次长，二公同是老资格的国民党人，然而此时政界气氛却以隐没党派分野为特征。这是为何？于此，宜叙明张公本人的党派历史，再行阐明民国六年那时的特殊形势。

（三）张公青年留学日本时，早就参加了孙中山先生的中国革命同盟会。民国开国之初，他为临时参议院议员，曾由同盟会的议员们公推为院内总干事，隐然一中心人物。民国二年正式国会时，云南选出他为众议院议员，为了把同盟会从革命党改组为宪政下一普通政党，他与宋教仁氏同心协力以同盟会为中坚基础，联合一些小党派建起了中国国民党。建党大会上有孙、黄二公亲临指导。（附注：笔者以同盟会员参加大会，存有记录。）在党本部组织中，他被任为总干事兼政务研究会主任。很明显，张公历来为党内一骨干人物，为一实干家。

（四）上文所云民国六年出现了党派隐没不见之特殊形势者，现在便好来阐明其故。

盖过去国会内曾是国民党与进步党一左一右对峙之局，而今当两院议员聚集上海准备入京复会之际，彼此交谈深悔过去各为党派成见所误，未能尽心协力于制宪之大业，有负国人重托，今番亟宜认识到制宪第一而从事。此即民国六年两院议员入京后更不见两党踪影，所见者有宪法研究会（梁启超、汤化龙一派系）、宪法讨论会（江天铎、孙润宇等人）、宪法商榷会（孙洪伊等人）、丙辰俱乐部（马君武等人）、益友社（褚辅成等人）、韬庐（佚忘其人），而政学会亦即彼时议员集体之一。

政学会萃集了两院议员百数十人，例如钮永建、李根源、谷钟秀、张耀曾皆在其内，取名“政学会”即张公所提出而为众人所同意者。钮、李、谷三公论年齿资历皆在张公之前，而卒以会长属之张公者，如俗所云：能者多劳也。遇有兼顾不及之时，则嘱托沈老为他的代表。

（五）吾文开首所云沈老与我曾一度同事者，即指沈老与我一同任司法部秘书而言。其时同任秘书者四人，各有所司之事，席上珍、杨学礼（皆云南人）两位负责部内公务，如阅看及草拟来往公文之类，我则负责张公私人函电，主要是与西南方面来往联系的密电。而沈老则作为张公的代表参加政学会了。记得那时张公三十三岁，沈老四十二岁，我二十四岁，而今张公、沈老逝世各已多年，独我年逾九旬，犹得写记此近期史实之一斑，以为治近代史学者参考之资。

1984 年 1 月 25 日写竟

补正两点

（一）沈老当年之参加政学会，盖因他本人是国会中候补的参议院议员，而非徒以张公的代表而参加者。沈老在清季曾是浙江省咨议局（后改省议会）的副议长，富有资望，只因与张公交契甚厚，乃作为秘书以襄助一切耳。

（二）当年政学会成员有百数十人之多，其中骨干人物之一的杨永泰（广东人，号畅卿）后来任蒋介石的秘书长，与张群、熊式辉相结合，以致陈立夫一派深受排挤，因指斥曰政学系，其后杨卒为陈派刺杀于武汉。此所云政学系者与沈老固不相干，但曾经一时所习熟的政学系一词却沿袭自政学会而来，遂连带及之。

1 月 27 日补识如右

（梁漱溟印）

忆旧谈往录*

（之一）

我生于甲午中日之战前一年的 1893 年，六岁开始入中西小学堂读书。我求学的经历，是和我同年辈的人不一样的，由于我的父亲看到当时外侮日逼，非维新变法不足以立国，认为读四书五经一类的旧书可以靠后一步，所以在当时学制还未确定的情况下，就让我进入了福建人陈锲创办的中西小学堂。它之所以名为“中西”，大约是因为它既教中文，又教英文之故。另外，还足以说明我父亲的维新思想的是，我在进入这

* 选自中国文化书院学术委员会编：《梁漱溟全集》（第七卷），山东人民出版社 1993 年 6 月第 1 版第 1 次印刷，第 527—552 页；原文由《团结报》记者晓林根据采访录音记录整理而成，连载于该报，其中“之八”未刊，收入《梁漱溟全集》时亦录自该报。——编者注

个小学堂之前，六岁已开始在家塾读书，我在读完《三字经》以后，即读《地球韵言》，而没有读旧的经书。《地球韵言》，现恐已无处寻得，记得它是一本介绍亚细亚、欧罗巴、太平洋、大西洋、英吉利、法兰西等世界地理的书。

八岁时就是庚子年，发生了义和团事变，八国联军乘机入北京。这时，一些有识之士认为要救国应以“开民智”为先。因此，和父亲有金兰之谊，又是儿女亲家的彭翼仲先生，首于1902年在北京创办了中国人自办的第一家报纸《启蒙画报》，其后又先后创办了《京话日报》和《中华报》。

办报纸开民智的彭翼仲

彭翼仲，名诒孙，原籍江苏长洲县（今苏州市）人，他的家世，是当地所谓的“名门望族”。他虽是一个世家子弟，但他体壮气豪，称得起是一位血性男子。他在遭到帝国主义侵略，我国家陷于危难，并直接地给他以刺激时，就毅然放弃了累代相沿的仕宦生活，走上了他自己开辟的办报纸以“开民智”的道路。他办报的主导思想是，爱国自强，反对帝国主义；提倡维新和社会改革。总的来说，他是一个具有维新思想，但无革命意识的人。

他所办的《启蒙画报》，是给十岁上下的儿童看的，全是白话文，全有图画（木版雕刻，无彩色），《京话日报》是以报道北京社会新闻为主的报纸，对当时的北京社会影响很大，曾远销东北、西北各地。由于慈禧太后和光绪帝“传旨”要宫中太监将该报传送宫内，所以该报在报的封面上刊有“两宫御览”字样；又葬在原陶然亭的被人呼为“醉郭”的一位老者，原以说书卖卜为生，后来竟改行专门讲《京话日报》，做义务宣传员。从这两件事来看，可知《京话日报》在当时是如何地流行于社会。《中华报》则以论政为主，文体是文言文。《中华报》出版以后，《启蒙画报》就停刊了。这三份报纸，都是由我父亲赞助创办的。

我母亲在女学中任教

此外，江亢虎当时创办了名为“女学传习所”的第一所女子学堂，我的母亲即在此任教员，从此事也可了解我父亲的维新思想。

义和团事变发生，我年已八岁。义和团的口号是“扶清灭洋”，其具体行动是“杀二毛子”，当时呼外国人为“毛子”，所谓“二毛子”，就是信仰基督教、天主教的中国人。我曾亲眼看到义和团的形象，他们都是青壮年，头裹红布，手抱大砍刀；他们设坛，信神佛。当时杀“二毛子”的刑场是在现在的菜市口，被杀的“二毛子”是很多的；没有被杀的，一般都躲进了西什库的教堂里。

两报被禁　彭翼仲发配新疆

我九岁入南横街公立小学堂，十岁改入蒙养学堂。蒙养学堂也是由彭翼仲创办的，不但男女同校，而且男女同班，这在当时的社会上，没有一定的魄力也是难以做到的。这个学堂的地址在宣武门外五道庙（该地名现已不存在，其地在今琉璃厂之北附近），和印刷彭先生所办的报的印刷厂同在一个大门里，当时我们这般小学生还经常到厂里看工人们排版印刷。

正当《京话日报》和《中华报》业务蒸蒸日上之际，突然发生了一件意外的事。这件事的经过是这样的：《中华报》的主笔是和彭翼仲有郎舅之亲的杭辛斋（名慎修，浙江海宁人），他是一个具有革命思想的人。这时，康有为为了和光绪帝取得联系，派了吴道明、范履祥二人由日本回国内进行活动，不料在天津被袁世凯的北洋营务处（相当于军法处）秘密处死。此讯经《中华报》揭发出来后，袁世凯即致电北京的巡警部（这是过去“六部”之外新设的一个部，尚书是徐世昌）请予查处。结果，彭、杭二人都被逮捕，并以“附和匪党”的罪名判处彭发配新疆，监禁十年；杭遣送回浙江原籍，同时，两报也被封禁。

我参加了京津同盟会

我十四岁至十九岁的下半年入顺天中学堂读书。在顺天中学堂成立之前，已先有了一个五城中学堂。五城中学堂是五城御史陈璧（字雨苍）破例创办的，在它成立以前，北京并没有进行中学教育的学堂。后来陈璧升任顺天府尹，就又开办了顺天中学堂。我在这个学堂就读期间，结识了广东籍的同学甄元熙（字亮甫，广东台山人）。甄是带着革命思想和同盟会的关系插班考入的。随后京津同盟会（全名应为中国革命同盟会京津支部）宣告成立，领导人是汪精卫、李石曾、魏宸组、赵铁桥等。我和甄元熙也参加其中，我并首先剪了辫子。

辛亥革命爆发，京津同盟会为了配合南方革命军的军事行动，决定刺杀袁世凯、良弼和载泽三人。除刺杀载泽等五大臣的工作由吴樾执行，我不知其详外，今将刺杀袁世凯和良弼的情况分别简述如下：

张先培等四烈士谋刺袁世凯

行刺袁世凯是在1912年1月16日，执行刺杀任务的是张先培、杨禹昌、黄之萌等四人（其中一人已忘其姓名）。这时，袁世凯正介于清皇室和南京政府之间居中折冲，以便坐收渔利。刺杀的这天，先由张先

培等四人携带炸弹埋伏在今东华门大街和原王府大街拐角处的一个卖酒和熟肉的小楼上，这个小楼所处的位置，正是袁世凯进宫的必经之路。当时，袁世凯的马车刚经过这个小楼，炸弹即自楼上投下，袁的卫队长袁某被炸身死，袁本人则幸免（按投下炸弹的处所，据袁世凯的女儿袁叔祯说，是在当时有名的饭馆东兴楼，被炸身死的是袁世凯的顶马袁振标。但过去的东兴楼是没有楼的。又民国初年，在金鱼胡同和原王府大街拐角处也有一个卖熟肉的小楼，这是否就是那个投下炸弹的小楼，待考）。张先培等四人旋即被捕牺牲。

彭家珍刺杀良弼

良弼是满清贵族中的主战派，刺杀他的工作，是由彭家珍执行的。1912 年 1 月下旬的一天，彭利用良弼友人崇恭的名片，到西四北红罗厂良弼的寓所去拜访他。名片递进后，门房说："大人还没回来。"正在这时，良弼乘坐马车回家，刚到门口，彭即将炸弹投向良弼，彭当场牺牲，良弼身受重伤，也即死去。

这五位烈士，后来被合葬一处，并立有五面碑一座，碑的每一面各镌刻着一位烈士的姓名。烈士墓和碑的地点，原在今北京动物园内现在熊猫馆的东南面，惜现已不知去向了。

录自《团结报》，590 号

（1983 年 1 月 15 日）

（之二）

江亢虎其人

在《忆旧谈往录》（一）里，曾谈到江亢虎于清代末年在北京创办“女学传习所”一事。现在就先谈一下我和江亢虎过去的一次交往，然后再续谈我参加京津同盟会以后所亲历、亲见、亲闻的一些情况。

我对江亢虎的总的评价是，他是一个善于投机取巧的人。据说，江和我家有世谊，他并称我的父母为世叔、世婶，但究竟有什么样的世谊，我说不清楚。

江亢虎在民国初年为了求名求利，曾在上海发起组织了中国社会党，后来，他来到北京，却由于社会党党徒陈翼龙被袁世凯杀害，他竟悄悄地跑掉了。我和他仅有的一次交往，是在抗日战争初期。原来，那时国共两党已为抗日而实行第二次合作，国民政府在国防最高会议内特聘了一些参议员，每周召开国防参议会两三次，被聘的有毛泽东（但从未到会）、周恩来、沈钧儒、黄炎培、张伯苓、晏阳初、蒋方震、胡适等在野名流，我也是其中之一人。及至国民政府因南京不守而撤到武汉，我也随同到了那里。江亢虎就在这时赶到武汉来找我，意图钻进这个国防参议会，但所谋不成。汪精卫投敌后，他竟去参加汪伪国民政府，但也没捞到什么好位置，只得了一个伪考试院副院长的闲职，这就不值多谈了。

我从倾向康梁转而倾向革命

我在《忆旧谈往录》（一）里已谈到我是在顺天中学堂读书期间和一位同学甄元熙一同参加京津同盟会的。当时，谋求救国之道的有两派主张：一派是以康有为、梁启超为代表的君主立宪派；一派是以孙中山、黄兴为代表的革命派。我原来是倾向于康、梁的主张的。其后所以转而倾向革命，一方面是由于在和甄元熙辩论时得到了启迪，另方面则是由于严峻的事实教育了我。

在这以前，在日本东京出现了鼓吹君主立宪的梁启超主编的《新民丛报》和鼓吹革命的胡汉民主编的《民报》。这两家报刊常在政治主张上发起论战，这时就有一个出版社把这两派的言论汇编成帙，题名为《立宪派与革命派之论战》。这本书由海外传到国内，我读了以后，认识到国家的唯一出路只有进行革命。这时全国要求把君主专制改为君主立宪的呼声很高，声势很大，各省督抚和各驻外使节既都纷纷来电请求，各省谘议局也都派出代表来京请愿。清政府为了应付这种局势，就命令成立“宪政编查馆”，宣布立宪以九年为期。这自然是不能令各省代表满意的，而当他们再次请求缩短立宪期时，却被清政府驱逐出京。这个事实，促成了我的认识的彻底转变。

我和甄元熙参加同盟会后，秘密聚会的地点，在宣武门外后孙公园的“广州七邑馆”。我们的革命机关则在东单二条。东单二条的机关是一处租来的房子，表面上是一个商业点，我经常就在那里进行革命工作（记得那时北京照明用的还是煤油灯，我还曾被派到昌平去买过煤油灯罩，供商业点出售之用）。当时北京的革命空气是很浓厚的，学生界中，为革命奔走串联的人数不少，其中比较有名的叫作胡鄂公，他经常往返于北京、天津、保定之间，进行宣传，我和甄元熙也参加了。在上述的论战报刊之外，上海发行的、于右任所办的鼓吹革命的《民立报》也传入了北京。

《临时约法》的诞生

辛亥革命终于爆发了，清王朝二百余年的统治也终于结束了。孙中山先生从国外回国，在南京就任了临时大总统，接着临时参议院（它是由起义各省推派代表组成的）通过中华民国《临时约法》。

这部《临时约法》，是由宋教仁执笔的。这是一部以英国政制为模式的具有宪法性质的大法，其根本要点是：议会政治，政党内阁。具体说来，就是中华民国的大总统和英国的国王一样，是没有实权的，实权在议会和内阁。

这时，在北方掌握有雄厚兵力并抱有极大政治野心的是原清政府内阁总理大臣袁世凯。如何使新诞生的中华民国稳固下来，如何使袁世凯在共和政体之下能够就范，就成为南京临时政府所面临的首要问题。

我取名漱溟的经过

在这里附带谈谈我取名为漱溟的经过。

民国成立以后，原同盟会中的一些同志，认为当前的主要工作在于作公开的革命的宣传。于是甄元熙便创办了《民国报》，自任社长，我也参加该报社任编辑，同时我也做过外勤记者。我原名焕鼎，字寿铭。我担任外勤记者时所用的笔名，有时是寿民，也有时是瘦民。有一次，该报社的总编辑孙炳文（字浚明，四川原叙府人，后来曾与朱德委员长在德国同学）为我写了一把扇子，上款用的是漱溟二字，从此我便用这两字作为我的名字。

录自《团结报》，601号

（1983年4月2日）

（之三）

在《忆旧谈往录》（二）里，曾谈到民国成立后南京临时政府所面临的和袁世凯打交道的问题。

南京临时政府所采取的妥协性的策略是把中华民国大总统的职位让给袁世凯，但要袁世凯到南京就职，使他脱离开他盘踞多年的巢穴。就职以后，有着《临时约法》的规定，实行的是内阁制，而不是总统制，实权自然归于议会和内阁，袁世凯这个没有实权的大总统自不能胡作非为。

同盟会改组为国民党

1912 年（民国元年）秋，孙中山、黄兴两先生由南方来到北京与袁会谈，并借这次机会，将中国同盟会改组为中国国民党，改组成立大会后，我也由同盟会会员成为国民党党员。

孙、黄两先生是在前门东车站（车站旧建筑物今犹大致存在）下车的，当时袁世凯除派欢迎人员到站迎接外，还派有保卫人员前往保护。在京的同盟会会员，有多人莅站欢迎，我也参加了。记得袁世凯为迎接他们而准备的车辆是一辆敞篷双马马车，车上有黄缎子的座位。

孙、黄两先生为什么要把同盟会改组为国民党呢？这是因为《临时约法》的付诸实施，标志着国家将步入宪政的轨道。中国同盟会的全名是中国革命同盟会，“革命”二字此时已不合用，故有必要把它改组为宪政体制下的普通政党。这就是孙、黄两先生召开改组成立大会的缘由。

改组成立大会是同年旧历 8 月 25 日在虎坊桥湖广会馆（今已不复

存在）举行的。大会的筹备工作，主要由宋教仁、张耀曾二人主持。大会议程，包括宣布改组计划，通过党章和选举党的负责人等。

发生了一场小风波

湖广会馆院内有个大戏台，四周有楼，戏台下面是池座。这天，在戏台上面就座的是主持和参加筹备工作的人员，戏台下面则坐着到会的在京的同盟会会员。这个能容纳一千余人的池座和楼上，当时竟被挤得水泄不通。当改组计划宣布完了，进行党章的讨论时，会场内曾发生了一场小风波。原来这次党章的制定，也是以英国政党为模式的，当时英国妇女没有参政权，因此，中国国民党的党章内，也就没有谈到女党员这一层。但同盟会过去从来就有女同志，在这改组为国民党的时刻，就引起了原来的女同志唐群英、沈佩贞、伍崇敏三人的纷纷质问，接着又一同跑上戏台揪住宋教仁要打，正在闹得不可开交，黄克强先生到了，会场上才稍稍恢复了安静，随后孙中山先生也到了，场内一时安静下来。

一场马拉松式的大会

大会工作人员先后请孙、黄两先生讲话，此时，会场上进一步安静下来。黄先生讲话的时间不长，孙先生跟着开始讲话。这时，主持大会的人，为了保持会场的继续安静，就希望孙先生讲得越长越好。只见参加筹备工作的张继站在孙先生的旁边，每当孙先生的讲话露出要结束的话头，张继就揪揪孙先生的衣服，示意孙先生要继续讲下去，就这样一直持续了不少次。这天，虽已是旧历的八月下旬，天气仍然很热，会场内人数既多，自然显得更热。孙、黄二公穿的是西洋大礼服，又长时间地在台上讲话，已是弄得汗流浃背，而又不得不一再地被迫继续讲下去，以致时时掏出手绢来擦汗；看来，他当时的处境是很狼狈的。

在孙先生讲话时，曾由大会工作人员向参加大会的人散发了选举党的负责人（记得负责人的名义是理事长，副理事长）的选票，讲话完了，随将选票一一收回。跟着，经过表决，通过了党章，通过了党的负责人的人选，还通过了党内机构的组成和人选等。党内机构，记得有政策研究、宣传等等，连同这些机构的人选，都是预先安排定了的。

这次大会，从上午八点半开始举行，直到太阳西落才告结束，算得是一次马拉松式的大会。事后我听说，上海在同一天也召开了改组成立大会，会上也发生了纠纷，但不知其详。

录自《团结报》，607 号

（1983 年 5 月 14 日）

（之四）

民国成立之初，在南京临时政府和袁世凯之间展开限制与反限制的斗争。袁世凯阴谋篡权窃国，制造了两起重大事件：一起是所谓北京兵变案，另一起便是刺杀宋教仁案。

袁世凯是根本不愿意脱离北方的根据地到南京去就职的，但南京临时政府所派的蔡元培、宋教仁等六人迎袁专使，却专程到了北京。面对这种形势，于是袁世凯制造了“兵变”的闹剧。

“兵变”的闹剧

“兵变”发生在1913年（民国二年）的旧历正月十日。这场闹剧的执行者是曹锟所部的第三镇。北京、天津、保定的商店、住户都部分地被变兵抢、烧了，有一部分变兵，还到了迎袁专使的住所，使得专使们大吃一惊。传说曹锟奉命“兵变”，在任务完成后曾向袁当面复命，这时，碰巧唐绍仪正在座，致袁为之大窘。

这晚，我正陪同我母亲在前门外大栅栏广德楼戏园听戏，正演到热闹中间，忽然锣鼓全停，从后台走出一人向观众说：“现在外面发生‘兵变’，戏不能演了，请大家各自回家。”当我们走出戏园时，看到变兵们仍在大栅栏内继续抢劫，有的变兵还向天空放枪。当时我家住在崇文门外花市南，由于无法回家，便就近走到宣武门的亲戚家借宿去了。

袁世凯既制造了这场“兵变”的闹剧，这就为他必须“坐镇北京”找到了借口。南京临时政府在无可奈何的情况下，只得同意袁世凯在北京就职。

唐绍仪离职

袁世凯的第一任内阁总理是唐绍仪，我记得他只干了很短的时间就离职了。关于唐绍仪离职的原因，自有他和袁世凯不易调和的矛盾在。据我所闻，他离职的导火线在于一次高级官员的任命。通州（今北京市通县）人王芝祥，原任广西按察使，这时由南方提出，推荐他为直隶都督。直隶省即今河北省，一向是袁世凯的势力范围，卧榻之侧，岂容他人鼾睡，这个推荐，袁显然是不会同意的。但作为特任官的直隶都督，又必须由大总统盖印，经总理副署才能发表。因此，当唐绍仪拿着任命状到袁处盖印时，袁即把它留下来，说:“搁一搁”。唐第二次去催办时，袁还说：“搁一搁”。及至第三次去催时，袁明白地表示不同意，于是唐绍仪愤而赴津，不再回来了。总理一职，先是由外交总长陆征祥暂代，后来就改由袁的心腹内务总长赵秉钧代理。

宋教仁的活动

当时代表国民党参加袁世凯的第一任内阁担任农林总长的宋教仁，在党内威望很高，当实行政党内阁时，他是最有希望担任内阁总理的。他为了减少将来组阁时的阻力，曾进行一些重要的政治活动。

一个活动是他取得了当时在政治上有较大影响的“进步党”的谅解。原来，民国成立以后，原君主立宪派的梁启超也回到了国内，并组织了一个政党，叫作“共和建设讨论会”（后改名为“进步党”）。代表这个政党出面的是汤化龙，掌握它的实际权力的则是梁启超。宋教仁不顾和梁启超过去曾是政敌关系，竟专程去天津访问了梁，对梁说:“现在国家的前途，是根据《临时约法》推行议会政治，走政党内阁的路子。我们已改组为国民党，你如愿上台执政，我们拥护你；否则，我就上台执政，你们拥护我。”梁启超对宋所说的这番话非常满意，当即表示：同意国民党上台执政，“进步党”愿作为一个在野党在议会内监督执政党。

另一个活动是他为了表面上和袁世凯表示接近，（由于自己在北京没有家）竟住在赵秉钧的家里。这时，袁世凯认为有机可乘，就有意识地要拉拢宋教仁，送给他二十万元的一个存折，而宋居然不加推辞地“接受”了。那么，袁世凯为什么又要把宋教仁刺杀了呢?

"图穷匕首见"

这是因为当宋教仁准备离京到各地讲演以大造声势时，只从存折内取出了三百元，随后竟将存折交给赵秉钧退还给袁世凯，表明自己不与袁同流合污的决心。袁世凯意识到宋教仁已不能为自己所收买，又意识到宋的政治手腕实在高明，将来如由他担任内阁总理，势必难以驾驭，更重要的是袁势必无法实现自己的政治野心。于是乎"图穷匕首见！"当宋教仁在各地走了一遭之后，在他由上海准备回京时，袁就收买了刺客在上海车站把宋刺杀。多有述者，余不再赘。

录自《团结报》，619 号

（1983 年 8 月 6 日）

（之五）

前文谈到袁世凯为了抵制南京临时政府提出建都南京的要求，导演了一场所谓兵变闹剧等情事。在那以后，南京方面又作了让步，同意袁世凯在北京就任临时大总统之职，也就是同意定都北京。

那次宣誓就职的大典，于 1912 年（民国元年）3 月 10 日在临时参议院举行，院址在今国会街。参议员有六十名（参议员是由各省推选的，开始是每省三人，后来改为每省五人），议长是林森，副议长是陈陶遗（当时未来北京）。

我那时正在天津《民国报》充当外勤记者，经常往返于京津之间，因得以记者的身份参观了这次典礼，席位是安排在礼堂的楼上。

仪式很简单，袁世凯由议长林森陪同登上礼堂讲坛，林森首先致辞，话不长。接着，袁世凯宣誓就职，誓词也很短。誓词读毕，典礼告成。然后林森陪着袁世凯步向外面空院内，与参议员们一起就座拍照。在他们由礼堂走向庭院经过穿堂的时候，我们这些记者也正由楼上下来到了穿堂。我和袁世凯觌面相逢，交臂而过。我着实对他打量了一番，把这个一世奸雄瞧得清清楚楚。我得到的第一个印象是，他是个矮个儿，身量和我差不多。他穿着一套军服，都糟旧了，光着头，恍惚记得帽子是拿在手里。他留着短须，有几根花白了，胡须周围以及两颊都没有刮干净。

当时的内阁阁员们也参加了典礼，并一同照了相。我们记者当然只得在旁观看。在我现在的记忆里，当时阁员中至今还留得模糊印象的，一是袁世凯的心腹人物内务总长赵秉钧，另一个是军装整洁、仪容严肃的陆军总长段祺瑞，再一个是穿着西式大礼服、身材瘦小、人称许矮子的许世英。

我和袁世凯这一面之缘，给我留下了一点深刻的体会。在那样隆重的大典上，袁世凯却衣冠不饰，仪容不修，我当时就有一种直觉，感到他不是郑重将事，倒有点若不经心的样子。以后回想起来，若像古语所谓“观人于微”，从这里就可窥测到他心理意识的深处。那么他后来野心膨胀，帝制自为，就可说并非偶然之事了。

录自《团结报》，621号

（1983年8月20日）

（之六）

在《忆旧谈往录》（五）里，记述了我所亲见的袁世凯在临时参议院就大总统职的情况。在这以后，国会参、众两院的议员就粉墨登场了。

“八百罗汉”丑态纷呈

1913年4月，正式国会成立。国会参议院议员约300人，众议院议员约500人，合约800人，故有“八百罗汉”之称。当时，参、众两院的议员，除原在北京者外，都要搭乘火车在北京的东车站、西车站（这两个车站，因位于前门以东、以西，故北京人惯以东车站、西车站呼之）下车。这时，到这两个车站欢迎他们的，有三个方面的人：一是袁政府内务部的，一是左翼政党国民党的，另一是右翼政党进步党（是共和党、统一党与立宪派的民主党合并成立的，党务多操于梁启超、汤化龙之手）的。议员们下车后，分别被这三方面的人迎进各自的招待所，但有的议员，由于受到别一方面的拉拢，就由自己所应住进或已住进的招待所里，换到别一方面的招待所去。其中国民党是国会内第一大党，又是组织和领导辛亥革命取得胜利的唯一政党，趋炎附势者多，因而鱼龙混杂，人品不齐，在政治态度上更是摇摆不定，换住招待所的也就较多。

国会正式成立以后，首先要选举参、众两院的正副议长。参议院很快就顺利地选出了议长张继、副议长王正廷；而众议院却争议了一个月之久，迟迟不能选出。主要的原因是国民党内部争夺激烈，无法取得一致意见。当时国民党内将被推举出来竞选的有三个人：一个是原临时参议会议长吴景濂，一个是李根源，另一个是最负人望的张耀曾。张耀曾，字镕西，云南人，是我母亲的堂弟，我呼之为“镕舅”。那时我是一名新闻记者，常从他那里打听到这场争夺中的一些内幕。当时吴、李、张三人各不相下，李、张二人因素极友好，李甚至直截了当对张说：“你就让给我吧！”由于国民党的议员分属三派，力量大为削弱，又由于袁世凯在暗中操纵，终于众议院落入右翼政党之手，选出的正副议长分别为汤化龙和陈国祥，都是进步党人。

当时，有一家《民视报》，是由袁世凯资助的，其负责人是议员康世铎。它每天在报头旁的显著地位刊登国民党议员脱党的报道，报道的方式非常奇特：今天有三人脱党，就报道这三人的姓名；明天再有五人，则连同以前的三人累加成八人，如此罗列起来，数字越聚越多。袁世凯即以这种手法来打击国民党的声势。

这“八百罗汉”中一部分人的私生活也极其糜烂。议员的薪水每月500元，是他们在议院中自己规定的。他们来京时多不携眷，有了这么多的钱，就终日花天酒地，沉迷于“八大胡同”（前门外有八个胡同，是当时妓院麇集之地，北京人呼之为“八大胡同”）之中。有的还建立了“小公馆”，弄得丑态百出。

一部没有实行的宪法——《天坛宪草》

正式国会成立以后，它的首要任务就是“制宪”，也就是制定一部《中华民国宪法》。因为临时参议院前所制定的《临时约法》，是一部临时性的宪法。

首先，由参、众两院推定五名议员在天坛草拟宪法，这部宪法，人们称之为《天坛宪草》。这个“宪草”是根据国民党和进步党分别拟的宪法草案制定出来的，国民党的执笔人是张耀曾，进步党的执笔人是梁启超。

《天坛宪草》的根本精神，仍然遵循《临时约法》所定的原则，主张国家实行议会政治，国家权力在议会和内阁而不在大总统。袁世凯为了干预“宪草”的制定，曾决定派施愚、顾鳌等八人参与其事，但是被拒绝了。

《天坛宪草》完成后，正当准备交付参、众两院讨论的时候，袁世凯于 1913 年 6 月先后令免了江西都督李烈钧、安徽都督柏文蔚和广东都督胡汉民的职务，于是“二次革命”爆发。袁世凯便借口国会中国民党的议员和“乱党”（指举行“二次革命”的同志）有联系，下令收缴了国民党议员的议员证书，随后又在内阁熊希龄总理的副署下解散了国会。

国会解散，国会南迁，西南方面为了争取议员，就对南来议员增发津贴，因之就有不少议员，忽而南下，忽而北上，致使人们讥之为“猪仔议员”；而那部没有实行的宪法，便都置之脑后了。

录自《团结报》，646 号

（1984 年 2 月 11 日）

（之七）

“二次革命”失败以后，袁世凯的武力达到了除西南几省外的各个省份。后来，他召集了约法会议（这表明他不承认国会所制定的宪法），把内阁制改变了，取消了国务院，新设了政事堂，政事堂置国务卿，这就为他后来的帝制自为铺平了道路。

洪宪帝制是极不得人心的，因此在它昙花一现之后，袁世凯虽然恢复了总统地位，终于在1916年6月忧惧而死。

“八百罗汉”再次登场

袁世凯死后，副总统黎元洪继任大总统，随即命令恢复国会。

这时，国会参、众两院的议员，有很多人集合在上海。他们一致约定，要把过去所没有完成的“制宪”的重大任务继续完成，要做到“制宪第一”；并彼此相约，今后不要再把“制宪”纳入党派斗争，即以后不要再提这个党或那个党了。

议员们到京后，果如所约，不再提什么党派，但却在国会内部组成了若干政治小团体，名称有丙辰俱乐部（当时为1916年，是农历丙辰年）、韬园、益友社等，另外还有以宪法命名的：宪法商榷会、宪法研究会、宪法讨论会。其中宪法研究会的主持人是梁启超、汤化龙和林长民，这个研究会，便是后来“研究系”的前身。

这时，张耀曾也组织了一个政治小团体，名为政学会，是由沈钧儒代表张组织起来的。张担任政学会的会长，而由李根源、谷钟秀和钮永建主持日常会务。政学会便是后来“政学系”的前身。据我所知，被人们称为“政学系”的核心人物杨永泰、张群、熊式辉三人中，只有杨永泰是原来政学会的人。

黎元洪上台后的段祺瑞内阁

袁世凯洪宪称帝时，他的左右持反对态度的，文的方面有政事堂机要局局长张一麐（后来袁世凯认为张主管机要事务，多有不便，就把他调为教育总长），武的方面则是陆军总长段祺瑞。段曾当面向袁表示："你做皇帝，我不称臣！"于是他就跑到西山隐遁起来。及至黎元洪继任大总统，组织南北两方面的统一内阁，才请段祺瑞担任国务院总理。至于西南方面，既认为段是个坚决反对帝制的正派人，且自己的武力也无法与北方抗衡，也就顺水推舟地同意黎元洪对段的提名。

张耀曾是代表西南方面参加内阁被任命为司法总长的。当时他在司法部的秘书共有四人：一个是上面说到的沈钧儒，他是主管对外来应付各方面的；另外两个是张的同乡席上珍和杨学礼，席与张还是留日同学；再一个就是我，专管与西南来往的密码电报。这时沈钧儒年 42 岁，我则是 24 岁。

与张耀曾共同主持司法部的，是次长徐谦。他穿必西装，吃必西餐。我们几个秘书是由部里供应饭食；徐次长因为非西餐不吃，所以就由部里另请西餐厨师供饭。

黎元洪、段祺瑞合作不久，即引起府、院之争（府指总统府，院指国务院）。所谓府、院之争，实际上是府秘书长丁世峄与院秘书长徐树铮之间的斗争。丁，山东人，素有"山东大汉"之称；徐则是一个向以跋扈著称的人物。由于丁经常因公务顶徐，引起丁、徐之争，后来就发展成为府、院之争。1917 年 5 月，黎元洪下令免去段祺瑞的国务院总理的职务，段愤而去津。

梁启超二三事

段祺瑞到津后，即召集各省的亲信督军开会，决定对黎元洪进行"兵谏"。黎为了寻求外援，即派议员郭同前往徐州，请张勋来京调停。于是，张勋率辫子军六千人进京，并于同年 7 月导演了一场复辟的丑剧。

张勋，江西人。过去宣武门外路东有一个江西会馆，规模甚为宏大，还有大戏台，就是由张勋出资兴建的。张勋这次来京，凡有宴会或唱堂会戏，都在这个会馆举行。复辟的这天晚间，会馆正在唱堂会戏，张勋听到中间，乘人不备溜了出来，进了紫禁城，发动了复辟。

复辟后，段祺瑞即偕同梁启超由天津到马厂誓师，组成了讨逆军司令部，发出了由梁启超执笔的讨逆檄文。

我年轻时受知于两位老前辈，一位是蔡元培先生，又一位便是梁任公启超先生。

当我二十八岁住在崇文门外花市的时候，梁曾首先来看我。那次和他同来的有他的长子思成与蒋方震、林宰平。当时他已是名满天下的大人物，居然枉顾我这个后辈，具见他乐于奖掖后进。后来，他到清华大学主持国学研究院（当时，这个研究院的四名导师都是知名的学者，除梁启超外，还有王国维、陈寅恪和赵元任），我曾不时到清华去看望他。有一次，我发现他还深深地笃于师生之谊。原来康有为在张勋复辟时，曾被任命为弼德院院长，当然是梁启超讨逆檄文中笔下的逆，说明师生二人的政治立场是截然相反的。但是后来我到清华去看梁时，却看见他正俯在案上，恭笔正楷地在裱好了的寿屏上写字，这寿屏正是他为老师康有为七十寿辰而作而写的。康时居青岛，此见出梁之念旧情深。另外，任公还好佛学。早在戊戌政变时，他和谭嗣同即以同好佛学而时相进行探讨；他之所以首先来我家看我，也是因为听说我是一个研究佛学的人。其后，专讲唯识法相宗的，属于玄奘一派的欧阳渐在南京讲佛学，他竟专程去宁听讲达一月之久。

不过，梁在政治上由于不能审时度势，曾两度盲目上台。前一度是袁世凯时代的熊希龄内阁。熊以“第一流内阁”自诩，当时梁提出愿自任财政总长；由于袁世凯不予同意，并改提了周自齐，而熊希龄又不同意袁的意见，因此才决定熊自兼财政总长，而任命梁为司法总长。再则摧败张勋复辟后，在黎元洪时代的段祺瑞内阁中出任财政总长。实际上，不管是主管财政，还是主管司法，在北洋军阀的统治下，是无法取得任何成就的。后来任公颇自悔其从政之错误，专心讲学，又偕友游历欧洲各国，写有《欧游心影录》，更见其好学求新知之诚。

录自《团结报》，647 号

（1984 年 2 月 18 日）

（之八）

在《忆旧谈往录》（之六）里，记述了 1913 年（民国二年）4 月国会正式成立之后，选出了众议院正议长汤化龙、副议长陈国祥的经过。这次选举，作为国会内第一大党的国民党，未能选出自己的党员担任正副议长，可以说是一次失败。实际上，在这之前，当 1912 年（民国元年）临时参议院由南京迁来北京后，该院所进行的正副议长的选举，作为临时参议院内第一大党的同盟会，在竞选中同样是失败了。

临时参议院的正议长原是林森，副议长原是陈陶遗。由于林森辞职，陈陶遗又从未到职，所以须再选出该院新的正副议长。同盟会的张耀曾，原是临时参议院内该会的总干事，该会的议员又在院中居于多数地位，因此，同盟会要在这次选举中取得正副两议长的席位，应是不成问题的。此外，院中东三省（奉天、吉林、黑龙江三省）籍的议员共有十三四人，这些人是准备推举奉天籍的吴景濂出来竞选议长的。院中还有另一小党，叫作共和建设讨论会，它的头目是汤化龙，也跃跃欲试地要在这次选举中当选为议长。但他鉴于他这个小党的议员人数较少，因此，他就抢先下手，一方面设法拉拢东三省籍的议员，另方面又找到吴景濂和吴说：“我推你当正议长，我当副议长。”就这样，由于东三省的和共和建设讨论会的议员加在一起，在数目上多于同盟会的议员，于是吴景濂当选为正议长，汤化龙当选为副议长。至于张耀曾，则仅被推为临时参议院中的法制委员会委员长。

如前所述，国民党在后来的国会众议院正副议长的竞选中，同样是失败了的，其失败原因，如《忆旧谈往录》（之六）里所说的，主要在于国民党内部的不团结。这种现象使国民党的议员对国民党感到失望，但更重要的是它恰恰适合了袁世凯蓄意打击国民党的野心。在这次选举中，除了袁世凯所资助的《民视报》，曾以奇怪的方式，刊登国民党党员脱党的报道（已详见此文之六），以损害国民党的声望外，袁世凯还组织了一个御用党——公民党（头目是梁士诒），搜罗了一些议员当喽啰，借以反对国民党。选举结果，国民党的议员全未当选，张耀曾则被推选为众议院内全院委员会（主管参、众两院合起来开会时的联络事务）委员长。

上述的两次选举，虽都已成为历史陈迹，但从这两次选举的结果，我们可了解到当时的各党派，包括当政的袁世凯在内，是如何运用其纵横捭阖之术来为个人攫取权力。应该说，今天叙述其经过，对旧时代的政治加深了解，是不无意义的。

（之九）

1937年10月间，日寇侵入山东，我主持了七年的乡村建设研究院只好解散了。不久，在徐州，我发表了《告乡村工作同人同学书》和《乡村工作人员抗敌工作指南》，号召我的同事、学生们积极参加抗日救亡活动，特别要在乡村中做好动员和组织民众的工作，积极配合正规军和游击队与日寇作战。

国民政府迁都重庆以后，我以国民参政员的身份来到这座山城。当时抗日战争进入相持阶段，除正面战场的中国军队继续抗击敌军外，在敌后的广大区域里，也有一部分军队和民众抗日武装进行着艰苦卓绝的游击战。乡村建设研究院散在各地的一些人员也参与其间，做了不少工作。形势的发展正是我所希望的。我遂决定到豫鲁苏皖地区去巡视巡视。当时分别找了蒋介石和八路军驻重庆办事处秦邦宪，向他们谈了我的想法："我自己虽不能打游击，但可以推动更多的学生参加游击战。"他们都很支持，答应通知那些地区的部队，在我巡视时提供方便。蒋介石还委我以特派员的名义，发给我密码本和一万元经费。

1939年年初，我率同黄艮庸、王靖波、王福溢、李健三、翟茂林等人由重庆出发了。进入敌后地区以后，我相继见到了新四军彭雪枫将军和苏鲁战区总司令于学忠将军，他们已经接到通知，对我们一行非常关照。记得在彭部驻地，彭将军陪着我进午餐，韦国清等将领也在座，临走时，彭将军还送给我一匹马。在于将军的司令部，我也受到了热情招待。从于的司令部出来，于陪我同行至王庄天主教堂，那里驻扎着一支中共抗日游击武装，为首的是张经武、黎玉二人。我留了下来，于因要到山东地下省政府办事，便匆匆离去。

行至沂蒙山地区时，我们曾在直属于军委会政治部的第三政治大队队部逗留了几天。这个大队近千人当中，大多是我在山东、河南乡村工作时的同事、学生，以教师秦亦文为大队长。他们分成四路，散布到山东的东西南北，既做宣传动员民众的工作，也开展游击战，是一支活跃在山东境内的出色的抗日队伍。耳闻目睹了这些情况，我是很自豪的，也深感国共合作抗日的形势很好。

还有一件给我印象很深的事。当我们途经苏北砀山县时，遇到砀山县长窦雪岩和他率领的一支抗日游击武装，大约二三百人。雪岩是我在山东省邹平县开办“乡村理论讲习会”时的学生，后留在邹平县工作，先后担任过总务科和警卫科的科长。邹平沦陷后，他去潢川投入第五战区举办的战时人员训练班受训，同时兼任教官，不久奉命回到家乡砀山任县长。他很快和当地的中共人士取得了联系，协同进行抗日活动。雪岩告诉我说：他这支队伍是共产党的抗日武装，是郭影秋从自己的部队中拨出交他指挥的（解放后郭影秋在回忆录中也曾提到此事）。看来，雪岩和共产党合作得很好，彼此是积极支持和充分信赖的。通过和雪岩交谈，我还了解到，他们经常主动出击敌军，为避免挨打，转移也很频繁，处境十分艰险，吃的、穿的、住的条件就更差了。可是他们都很乐观，雪岩曾指着自己身上的虱子，风趣地对我说：“我们管它们叫抗日虫！”当晚，我就躺在他们宿营地的干草上过了一夜。翌日上午，我率随从人员上路时，雪岩执意要带领队伍护送一程，这样，我们一道走到快要进入鲁西南境内时才分手，道别时，我勉励他继续发展壮大抗日武装，狠狠打击日寇，报效国家。他郑重地向我表示了抗战到底的决心，并真切地希望我多加保重。

这次敌后抗日游击区之行所经历的艰辛、风险，在我来说不值一提。我感受最深的是：无数抗日志士及广大民众能够不惧牺牲，奋起抗战，中华民族就一定不会灭亡。我在乡村工作中的许多同事、学生，也站在他们的行列中，这是特别使我感到欣慰的。

录自《团结报》

（1985 年 12 月 7 日）

赴香港创办民盟言论机关《光明报》前后*

创办《光明报》可算民盟初创时一件较重要的事，因此事由我经手，故有责任将它记录下来。此文已收入我所著《我的努力与反省》一书（自传性文集；即将由漓江出版社出版），现特投送《群言》发表，供大家参考。

有关《光明报》末后停刊的经过，萨空了同志所写的《香港沦陷日记》（三联书店）中有较详细的记述，同志们可以参阅。

——作者

1940年12月24日我与黄炎培、张君劢、左舜生、章伯钧等发起

* 选自中国文化书院学术委员会编：《梁漱溟全集》（第七卷），山东人民出版社1993年6月第1版第1次印刷，第570—582页；原文系1985年著者口述，由梁培宽整理，录自《群言》1987年10月7日，第10期。——编者注

筹组“中国民主政团同盟”（中国民主同盟的前身）。这时国内的政治形势十分恶劣。国共之间的冲突愈演愈烈，抗日战争初期的那种全国团结抗日的气氛已经荡然无存。国民党的控制、镇压也日益严重，人民的民主权利已名存实亡。国民党的“民意机构”——“国民参政会”——也更加缺少“民意”的色彩，因为国民党提出的第二届参政员人选中极力排斥党外人士或敢言之士；记得陶行知、胡景伊等就是这次被取消了参政员资格，而塞进了更多的吃闲饭的国民党员。1941 年 1 月又发生了“皖南事变”，国内形势更加急剧恶化。正是在这样的情况下，我们在为力争团结抗日的局面不公开破裂，积极奔走于国共两党之间的同时，加快了民盟组织的建设工作，希望民盟能早日建成，使它能尽快在促进国内团结中发挥作用。民盟的政治纲领、组织章则以及常委、主席等人选等都是这时商讨确定的。而创办民盟的报纸也是这时商定的。记得有一天我们相会于张君劢的住处（张当时借住于其胞弟国民党交通部长张嘉璈家中）。张君劢首先说，只有不在蒋介石的控制之下才能讲我们要讲的话。大家对此当然都有同感，遂决定去海外建立民盟自己的言论机关，并推我负责。

离重庆去桂林

为筹备民盟的报纸，我在 1941 年 3 月底离开重庆。就在我动身之前不久，邹韬奋不堪国民党特务的长期监视，巧妙地甩掉特务的盯梢，逃离重庆。在这种情况下，我根本弄不到去香港的机票，只得乘长途汽车先去桂林，再做打算。汽车途经第一站是距重庆 90 公里的綦江。车刚刚停稳，旅客正准备下车略事休息，有个人打开车门上车问道：“梁漱溟参政员在车上吗？”我答：“我就是。”来人就说：“请下车，到我们那里喝喝茶。”我便回答说：“时间有限，不下去了。”不料此人却一再坚持“请”我去“喝茶”，这我才明白过来。为了他们稽查站向重庆上级特务机关请示，于是全车被扣在綦江过夜。当我提着小皮箱在汽车站附近寻找投宿的旅馆时，看见墙上有布告，布告末尾署名人为“张轸”，职衔是“警备司令部分区司令、补充训练处处长”。张轸是河南人，过去经河南友人介绍见过面，也算相识了。在一个小孩的指引下，我找到了这个训练处，见到了张轸。我一见张就问：“稽查站你指挥得了吗？”张答：“指挥不了。”当夜我就留宿在他的办公室。晚间闲谈，谈起征兵，因为所谓“补充兵”就管的是此事。张说：“惨得很！壮丁都想跑，跑了抓住就枪毙。为了防止逃跑，睡觉时将拉来壮丁的手用绳子拴在一起。”张说着竟为之落泪。我问他为什么不向上反映。张说：“当然我向何应钦说过。他听后摆摆手，或摇摇头，不了了之。”

次日汽车被放行，我终于经贵阳到了桂林。当时广西大学校长雷沛鸿是早相识的朋友。广西大学那时在桂林郊外约 60 里的良丰，那里景色宜人，像个大花园，我就住在那里，并应雷的邀请讲学约两个月，讲的内容就是后来我撰写的《中国文化要义》一书中的一部分。我的最后目的地是香港，在桂林停留一个时期后我还要离开，可我买不到机票。我找当时任国民党军委会桂林办公厅主任的李任潮（李济深），由李的秘书（也是李的表侄）黎民任打电话向航空公司担保为我购机票，公司说要向重庆有关方面请示，在拖延了一阵以后，终于弄得一张去香港的机票。

只身飞赴香港

1941 年 5 月 20 日我只身一人飞往香港，开始了筹办民盟报纸的工作。到香港时有李沛文（李济深先生长子，解放后曾任华南农业学院院长）自己驾车到机场来接，我即先暂住于李家。后来又迁往许地山先生（作家，笔名落华生，当时在香港大学任教）寓所。在我借住许家期间，一夜许先生竟死于急症，我又不得不另觅栖身之处。经过三四次转移之后，报社终于租得一座楼房中的一层充社址，我才有了固定的住处。为了减少开支，报社用房力求节省。记得我的住房也仅能放一张办公桌和一张折叠床。

为筹办事与盟内外人士洽商

在重庆公推我代表民盟赴港办报时，本曾商定张君劢、罗隆基二位随后也将来港协助，但他们始终未能来。黄炎培（当时任抗战公债筹募委员会秘书长）原说去南洋募捐后途经香港时与我相会，不料我到港之日恰好他离港飞回重庆。于是有关筹办报纸的事宜，我只得会同当时在港已参加民盟的各党派人士商讨办理，如曾慕韩（即曾琦，青年党）、徐梦岩（国社党）、伍宪子（宪政党）、周鲸文（东北同乡会）、张云川（第三党，即今日之农工民主党）、甘介侯（桂系）等人。在筹办过程中，还与当时在港的许多左翼人士，如何香凝、廖梦醒、廖承志、柳亚子、陈翰笙、彭泽民等接触，他们自然都对民盟这一工作表示支持。其中廖承志是周恩来告诉我与他联系的，因为在离重庆之前，我到曾家岩将去港办报的事告诉他，并向他问得中共驻港代表。在临创刊之时，有人又劝我出面宴请一些知名人士，以取得更多的支持；记得被邀请的人士中有茅盾、夏衍、金仲华等人。

筹组办报班子　确定报名

我去香港没有带一个人，办报的班子是到香港后才筹组的。8 月接重庆的民盟同人的信，决定由我任报社社长，经理则由我推荐萨空了担任。其余编辑人员等，多靠金仲华等人介绍。记得新闻版负责人是笔名羊枣的（听说后来他在福州为国民党杀害）。总编辑是俞颂华，他原在上海《申报》工作过，是个老报人。经过大约三个多月的紧张筹备，1941 年 9 月 18 日这一天，民盟自己的报纸《光明报》终于和读者见面了。报纸取名的事，这里可以附带说一说。一天碰见范长江，他与我提起当时张君劢的国家社会党（后改名民社党）在香港出版的报纸，范说报贩叫卖时多喊出许多报名，而《国家社会报》往往被略去，就是因为这个名字不易上口，叫出来也不响亮。后来我们二人共同议论的结果，就取名《光明报》。

为报社经费不足奔走

民盟要创办一份自己的报纸，经济上困难不小。在筹备之初，只有黄炎培、张君劢、左舜生、章伯钧每人各拿出国币 1 万元，我除了参政员的津贴外无积蓄，只出了 6000 元。而当时国民党政府的货币不值钱，大约是 4 元才换一张港纸（港元）。后来反蒋的四川刘文辉和云南的龙云（通过缪云台先生）支持民盟，又赞助了几万元。但开办之初，要用钱的地方很多。注册要交押金，请律师也要钱，还要付纸张印刷等费用，所以仍感入不敷出，紧张得很。当时范长江负责中共在香港的报纸《华商报》，见到我就问："怎么还不出版呀？"我回答说："你还看不出来！"不久，他来找我说："有'南洋某侨领'愿资助你们办报，只要你写个收据就行了"。我说："写收据还不容易。"随后他送来 4000 港元。

待《光明报》创刊之后，经费仍感拮据，遂决定由我亲自去新加坡一带向华侨募款。为了此行，我添置了一套在那一带炎热气候下需穿着的白色西服。不料我一上船就碰见了国社党的徐傅霖。徐见我也搭船，首先开口问我：你去南洋干什么？待我说明此行目的以后，徐就表示：民盟由许多政治党派组成，也包括了他所在的国社党，如果民盟去募捐，国社党就无法再募。我们二人同去，捐款者将只给你，而不会给我；你去了，我将空手而归。因此，你要去，我就不去；如果我去，你就不能去！徐态度之强硬，实在出乎我的意料。徐是民国初年的老国会议员，年龄又比我大许多（当时我四十八岁，他已六七十了），我只好让他。一个钱没有募到手，还报废了花上百元港币买得的一张头等舱船票。不料事过不几天，日本即发动太平洋战争，新加坡很快沦入日军之手。塞翁失马，安知非福。幸好未去成，不然我也会滞留在东南亚一带，难于回归祖国大陆了。

报社经济既如此困难，可是青年党的曾慕韩（琦）还要往报社里安插闲人，实在令人气愤。本来报社已任命萨空了为经理，萨很有才干，社内工作在他掌管之下，早已走上轨道，而曾慕韩忽然又“推荐”青年党的陆光荣当副经理。因为萨已完全胜任，而且也已有一位副经理李炳海，无须再添人，何况添人又要多一笔开支。理所当然地我拒绝了这一无理要求。于是曾陆二人邀我去茶楼谈判，再三要挟。最后曾竟说：“你如此坚持己见，拒不接受，我们便不再是盟友，我将以敌人来对待你！”平日貌似文雅的曾某，竟如此凶恶无理，实在可叹！

国民党的阻挠破坏

民盟在香港办报，国民党当然不高兴，一定千方百计地阻挠和破坏。早在报纸筹办中，国民党就派了他们立法院副院长刘维炽由重庆赶到香港，与港当局接头，企图阻止我们创办这个报纸。可惜他晚了一步，因为待他赶到时，注册手续我们已办理完毕，应交的押金 4000 元港币也已交清，并请好了法律顾问，已算是有合法地位的报刊，不能任意取缔了。可是由于刘的一番奔走活动，港当局的新闻检查机构仍对我们多方刁难。为了避免或减少麻烦，在报纸出刊之前大家劝说我，应当先拜访新闻检查机关的负责人，并特别提醒我要购买些礼品送去，表示希望他给予关照。这种迹近行贿的事，我还从未干过！可是为办报，我还是十分勉强地带着礼品去见了这位负责人。此人姓刘，着长袍马褂。这在流行西装革履的香港是不多见的。东西送了，请关照的话也说了，可是《光明报》第一天的发刊词上他就给开了“天窗”。于是我再去找他，进行交涉。他的回答很直截了当：这是“奉命行事”，因为上面有交代。他还说：“你们报上的文章如果发表在别的报上，如《大公报》，可以不删，可是登在你们《光明报》上，就不能不删。”报纸大样天天送检，天天要开“天窗”，成了家常便饭。许多文章被删节得太多，文句不通，无法读下去。我写的连载在报上的长文《我努力的是什么》，也删节得千疮百孔，不成样子。

向国内外公开宣告民盟成立

1940 年年底至 1941 年 1 月民盟已创立，但始终不曾公开。《光明报》在香港创刊后，它首要的任务就是向国内外公开宣告国共两党之外的最大政治组织中国民主政团同盟的成立，并公布民盟的政治纲领。但民盟的成立宣言和政治纲领在见报之前如送检，肯定不能通过，所以民盟这两个重要文件如何才能见报，成为一大难题。大家议论再三，想不出什么办法。幸好后来萨空了出一个好主意：将宣言和政治纲领放在有报头的一版广告栏内刊出，因为按香港新闻检查机关的规定，广告栏大样无须送检，这样做就可以轻易地避开送检被扣一关。后来即按此意见办理。同时又通知印刷厂增加印数，出售时又特意减收报费，尽力扩大这一期发行量。1941 年 10 月 10 日这一天，刊有民盟成立宣言和政治纲领的《光明报》终于在香港街头各处公开发售，与广大的读者见面了。至此海内外各界人士和广大群众才知道民盟的成立。香港当局见此情况，当然不免大吃一惊，立刻派来由英籍警官率领的警务人员来到报社，查问究竟。我们就以广告账目本出示，上面填写有刊登广告人的姓名、住址以及所收广告费数目，以表明我们是按广告刊登；并且手续完备。来检查的人抓不住报社的任何把柄，就按照账本上写的姓名、住址去查找那要求刊登广告的人，而姓名、住址等都是我们事先编造好的，因此他们自然是什么也找不到。

青帮头子杜月笙奉命出马

《光明报》发表了民盟成立宣言和政治纲领，公开宣告民盟的成立，当然为蒋介石所不容。首先是旅港的参政员王云五、成舍我两人秉承国民党的意旨，以邀我同去重庆参加参政会为名，要我离开香港，重新回到受蒋介石严密控制和监视的重庆，为我所拒绝。后来国民党元老李石曾（李与吴雅辉、蔡元培、张静江，人称国民党四大元老，他们都是中山先生的朋友），当时正住九龙半岛酒店，也写信劝我回重庆，信中说："介公之于先生，一如先生之于介公，并无恶意。"并通知我机票已由吴铁城的弟弟代为准备好了。对此我再次"辞谢"。最后国民党搬出了青帮头子杜月笙，让他来出马，"动员"我离开香港。有一天，由杜月笙出面，请我一个人去"吃茶"，地点是"告罗士打酒店"的雅座。杜一见面，首先讲了许多恭维的话，说什么我在《光明报》上发表的文章如何好，大家如何注意，许多人都表示赞同，等等。然后话题一转，说：“重庆方面很希望梁先生回去，有什么主张，尽可以与蒋先生面谈。当面交换意见不是更好吗？”他还说：“我们这些人素以信义著于天下，说话从来是算数的。我愿陪梁先生同去同回。”我回答说：“不必了，因为除了报上已发表的，我没有什么另外的主张。更何况民盟总部在重庆，有张君劢、左舜生等人在，如果须要当面谈，他们可以代表民盟。”杜遭拒绝后不死心，后来又请我吃过一次茶，当然还是让他碰了钉子。

来自内部的分歧与干扰

国民党的干涉和破坏活动当然为我们制造了许多困难，但更令人头痛的还是来自内部的分歧与干扰。这是我此生中最感苦恼的经历之一，至今难忘。民盟的政治纲领早在重庆时即由我执笔写好，并经大家修改同意。但在距报纸创刊前一个多月，黄炎培即托人自重庆带来密函并抄件，其中意见是为避免使国民党感到刺激，拟就的十二条纲领中有四条暂不发表。这四条内容包括反对由国库负担国民党费用，反对设立特务机关等。其实这种将纲领分成两部分先后发表的意见，早在我尚在重庆时黄就提出过，后来大家取得非到适当时机不发表的谅解，这个分歧遂被暂时搁置起来，现在不过是旧事重提罢了。为了消除分歧，能按原定日期（1941 年 10 月 10 日）发表民盟政治纲领，经过在港民盟成员多次讨论，和与在重庆的民盟成员多次信函往返，终于决定由我根据原来的十二条另起草一个十条纲领。这个改写后的纲领后经重庆方面民盟成员同意，一字不改。而在港的徐梦岩、周鲸文等坚持删去第四条中“拥护国民党执政，为抗战建国纲领之执行”，而在第二条“结束党治”后面，增加“仍委托国民党执政”等字样。结果大家议论纷纭，久久定不下来，最后终于修改为“督促并协助国民党切实执行建国纲领”。后来在报上发表的那个政治纲领，就是经过这许多曲折产生的。

至于民盟成立宣言的发表方式的分歧，早在宣言起草之前就出现了。青年党曾慕韩首先提出发表时不具名的主张。而后被推为民盟主席的黄炎培又提出要为他个人参加民盟保守秘密；而姓名保密也只能是不具名。我则以为民盟这两个重要文件的发表，都应由民盟的负责人共同具名，毫不隐瞒这些政治主张是我们的。只有如此，才足以表明我们郑重负责的态度，并取信于国内外。有人又提议改由参加民盟的各党派具名，而职教社又反对，其理由是不言自明的；因为黄炎培是该社负责人，有了职教社的名字，也就等于有了他的名字。于是我又建议以“民盟驻港代表梁漱溟”名义，或解除我的报社社长职务再发表，均不得同意。而青年党曾慕韩以不具名发表的意见未谈妥为借口，拒不起草原应由其执笔的宣言。为了宣言与政治纲领同时按原定日期发表，我又不得不连夜赶写宣言，经大家讨论通过。最后在万般无奈中，只得服从不具名发表的意见，在《光明报》上刊登了这两个民盟的重要文件。

由于发表时不具名，孙科抓住这一点大做文章，在香港发表公开谈话，攻击民盟，说民盟是暗藏的“第五纵队”，破坏抗日等等。而不具名发表的最大不利是不能取信于国外，以获得国际上的同情和支持。为补救计，后由陈友仁（曾任中山先生秘书、国民政府外长）和陈翰笙二位向外国记者说明和保证，并由他们代为将这两文件译为英文，宣言与政治纲领才得通过这些记者转发国外。

被迫停刊

1941 年年底日本发动了太平洋战争。12 月 8 日日军由九龙方面进攻香港，同时对香港炮击和轰炸。《光明报》自同年 9 月 18 日创刊后，至 12 月 13 日被迫停刊，前后不过三个月。报纸无法办下去，工作人员只得遣散。为免生意外，我也在同仁的帮助下多次迁移住处。12 月 25 日日军终于全部占领了香港，香港当局投降。在香港沦入敌人之手的初期，盗匪蜂起，日军也乘机作恶，社会秩序无法维持。此时为了安全，我又与萨空了、张云川、黄瓒三人躲入西环一所小学校，住在三楼的一间空房里，住入此处以后，我们尽力深居简出。白天各自读书，夜间无电无法看书，几个人就在一起闲谈，各自介绍个人经历的种种往事。

有一天我有事外出，走在中环路距香港大学不远的地方，遇见陆光荣，两人正边走边谈时，由两楼之间忽然冲出一人，双眼以下蒙着白布，手持尖刀，以刀对我，要我交出身上财物来。当我从衣袋里取钱包时，陆趁机逃离，向上坡方向飞跑，而此时正巧有一辆警车自上往下驶来。陆于是边跑边大声喊叫："robber！robber！"（强盗！）匪徒眼见警车向我们方向开来，急忙逃走，竟不及接我手中递给他的钱包。

离港出走　返回祖国大陆

此后不久，范长江、萨空了问我是否打算在此时离开香港，我说当然想走，便约定与陈此生、范长江夫妇等同行。1942 年 1 月 10 日，在日军完全占领香港两周后，我换装着中式夹裤夹袄，于黎明前离开所住的小学，由黄瓒送我到香港仔约定的一个僻静处，登上预先租定的一条小渔船，趁着破晓前的昏暗，躲过日军的检查和封锁，悄悄地离开了香港，踏上了返回祖国大陆的途程。由香港回到大陆内地所经历的种种艰险和一些感受，在回到桂林以后曾写过题为《香港脱险寄宽恕两儿》一长文，有较详细的记述，这里就不再说了。

七七事变前后的韩复榘*

抗日战争爆发前后，所谓“山东问题”，几乎成为一个谜。“山东问题”的中心人物自然是当时掌山东军政大权的韩复榘。要了解“山东问题”，必先了解韩复榘。我当时在山东搞乡村工作，为推动抗日自卫，曾参加许多有关活动，因此在此期间与韩的接触频繁。现就我接触中所知的韩在七七事变前后有关抗日态度的种种事实，分说如后。

七七事变前　对抗日有所准备
——1935、1936 年韩对抗日的态度

1935 年 10 月 10 日在无锡召开的全国乡村工作讨论会，我曾出席。散会后，我于 10 月 17 日经南京略作停留时，听到华北局势恶化，日本

---

* 选自中国文化书院学术委员会编:《梁漱溟全集》(第七卷)，山东人民出版社 1993 年 6 月第 1 版第 1 次印刷，第 582—595 页；原文作于 1985 年，录自梁漱溟:《忆往谈旧录》，文史出版社 1987 年 12 月版，第 136—147 页。——编者注

特务头子土肥原极力鼓吹“华北明朗化”，企图搞“五省（冀、鲁、晋、绥、察）三市（平、津、青岛）自治”的消息，即赶回山东。为了决定我们在山东乡村工作的进退，亟须探明韩复榘对抗日的态度，我与乡建同人梁仲华、孙廉泉两先生，或相偕或分头，自 1935 年 10 月下旬至 12 月初之间，先后与韩谈话多次。内容不能详叙，只能大要言之如下：

一、拒绝敌人胁迫。日本有意在华北利用宋哲元、韩复榘、阎锡山三人当他们的傀儡，搞“五省三市自治”，隐然与南京国民政府分离。当时日本关东军的一个参谋名花谷者几度乘飞机到济南，胁迫韩同赴平津开会，韩始终拒绝未去。后来何应钦北来，搞了一个“何梅协定”，国民党政府组织了一个“冀察政务委员会”，宋哲元为委员长。

二、同意采取防卫办法。经我们同韩作多次长谈之后，他同意执行一个“三年计划”（1936—1938）。此计划主要内容包括两项工作，将在三年内分期分区在全省推行。所说两项工作：（一）地方行政改革——为准备应付敌人（日本）入侵，改组县以下行政组织，将区公所改为乡农学校；乡农学校为政教合一的单位，它一方面行使原区公所的行政职权，另一方面更重要的是训练农村青壮年，以备自卫。乡农学校校长要由我们乡村工作者训练后任用。改善县政府组织，财政预算公开。考虑以县为单位抗击敌人入侵，力量单薄，将全省 100 零几个县划分为 7 个专区，每专区 10 至 7 个县；专区设行政专员公署，为省政府下统辖机关；专员兼保安司令。省武装部队，战时可与敌人周旋。（二）民众自卫训练——全省逐步开展训练壮丁，计划分三年完成。初级训练在乡农学校；各乡农学校均配有军事教官一名；教官由韩的部队中挑选青年下级军官，经我们培训后充任之；教官辅助校长对农民青壮年进行军事训练，向受训者讲明训练的目的是为了抗敌以保卫家乡。高一级的训练集中在专区。

这个“三年计划”制定后，一切均按步骤进行。1936年上半年即开始执行。先划定了济宁、菏泽、临沂三个专区。专员一般由乡村工作人员中选任。如济宁专区由梁仲华任专员兼保安司令。进入1937年，又划了几个专区。抗日战争初期英勇牺牲的老英雄范筑先就是其中一个专区的专员。他的秘书主任赵某（名字已记忆不起；与范同时牺牲）和秘书张孟龙（潜）均为我们推荐的乡建院毕业的学生。废除区公所改设乡农学校的县至抗战前夕已有70多个（全省当时共100零几个县）。这个“三年计划”的贯彻是以孙廉泉和刘书香（第三路军总部参谋长）两人为主，梁仲华也参与，我很少过问。

此外，还在济宁设了一个全省乡村服务人员训练处，为“三年计划”培养乡农学校校长及教员，集中训练全省8个师范学校的应届毕业生。这是个规模不小的训练计划，归我们负责。梁仲华任训练处处长，聘请杨开道（燕京大学教授）为教务长，我也不时来此讲课。

当时还曾打算设立省地方行政讲习所，训练县长、科长等行政干部。韩复榘要让梁仲华主持，后因各厅反对，梁也坚辞不就，此事即未办成。

战事初起时　表示准备应战
——1937年7月韩对抗日的态度

1937年5月我去四川，后经武汉于7月2日七七事变前5天到达北平。那时北平谣言极多，形势更为紧张。我在北平即未再多停，于4日到济南，5日回到邹平。两天后卢沟桥战火起。又因南京政府为大局问题邀集各界知名人士约400人，分批（每批约40人）去庐山开谈话会，共商国家大计，我与梁仲华均在被邀之列，在邹平只停留三天，就折回济南，准备转赴庐山。过济南，我找韩复榘，说韩不在。我就找韩的秘书长张绍堂，张与韩通了电话。韩要张绍堂和刘书香以韩的名义给蒋介石写一信，要我顺便带去庐山。信内大致是说韩部下将领有在庐山受训的，要求蒋尽快让他们回来，以做好应战的准备。再就是向蒋提出补充防空武器（高射炮等）的要求。张在电话上还转告韩：方才收到北平市长秦德纯的来电，说局势趋于缓和，日本人表示愿意妥协，他们也不想扩大事态等等。韩听后在电话里笑了，并说这是日本人的缓兵之计，想借机调动力量；仗定规要打，日本人不拿下北平不会罢休。

7 月 10 日我离济南去南京，准备转赴庐山。可是由于卢沟桥战火已起，华北局势愈加紧张，庐山的谈话会不再开下去，我即于 23 日由南京返回济南。韩要我带给蒋的信，我在南京就交给了行政院的蒋廷黻，由他转交。在回济南的火车上遇见一些韩的部队的中下级军官，他们说是奉命将眷属送回原籍安徽后又返回山东的。推计韩下此命令，当不过 7 月半。韩对应战有所准备，似也由此可见。

7 月 30 日韩复榘离济南应蒋介石之召去南京，在去之前又嘱省府各厅公务员速送眷属回乡，并曾对我笑着说："赶紧回邹平挖地洞吧。"自此济南局势第一次显得紧张，市内民众纷纷送家属回乡，车站行李山积，至 8 月 2、3 日达到高潮，好像战火即将燃烧到济南。

企图避免作战　保存实力
——1937 年 8、9 月韩对抗日的态度

8 月 2 日下午 4 时韩由南京回到济南省政府，同日我直接去找韩，交际处副官说：主席（韩当时为山东省主席）刚进门你就来了，你的消息真灵通。副官随后又说：你不能即刻见到韩主席，因为他在和日本领

事等三人谈话，他们是应主席约请来见面的。当时任翻译的朱经古事后告诉我，这三个日本人之中，有一个名有野的，是日本驻济南的领事，另外两个是日本武官和日本居留民（侨民）会会长。谈话的内容是韩向日本人说明以下三点：一是外间传说中央任命我（指韩）为抗日右翼总指挥，非事实；二是外间所传中央派蒋伯诚来山东，协助我指挥军事，亦不确；三是日侨回国与否，听日本人自便；凡未离济日侨，照旧保护。在此应指出的是，半月前韩曾促日侨回国，可见此时韩对抗日态度显然一变，对抗战殊不积极准备，因此也极力不愿刺激敌人。又例如，此时各省按南京国民政府指示纷纷组织“抗敌后援会”，而山东此组织独按韩的意见改称为“省防后援会”。再如七七事变初起时，山东日本侨民许多都将房屋门窗封闭加锁，回国去了。周村公安局局长自行将当地日侨房产打开，加以利用。此事为韩知道后大怒，把该局长召来严加训斥，并予撤职，可见其唯恐对日侨利益保护不周。但敌人曾两次用飞机投书诱降，韩则不曾接受。

后来我见到韩时问到他去南京的情况，韩说，他在去南京之前，于7月28、29日一连两个电报，要求蒋各路同时出击，蒋回电说，他自有主张，自有办法。待30日到南京面向蒋请示机宜，蒋还是不谈什么。他一肚子心事，却一点也不吐露。待临走时蒋向我说：“我的意思，你完全明白。”韩末后说：“我哪里明白他的意思呢？我是糊里糊涂去南京，又糊里糊涂回济南的。我看蒋介石并无抗日决心。”

也正是韩由南京回济南的当天（8月2日），下命令要市民不要轻信谣言，要商店照常开门营业。这样，我又决定再去京沪一行，以便明了当时大局真相。

被动应战　同时急切求退

——1937年10、11月韩对抗日的态度

1937年9月底平津战事不断南移，已到达山东德州一带。冯玉祥正在此线负责督导宋哲元部作战。冯曾调韩的军队去接应，韩以他的防区在鲁东胶济线一带而不在津浦线为理由，竟拒绝冯的命令。后来南京给韩发来电报，韩再也无法推脱。

10月2、3日韩于是将部队全部由胶济线高密等地调津浦线，并亲去指挥，曾一度攻入德州，但反被日军包围，几乎被俘。自此以后，山东境内津浦线的防务即由韩负责，但韩复榘并无意在山东久留，与敌人周旋，而是急切求退，保留实力。

韩对抗日态度这一变化，似与当时以下情势有一定关系：

一、如前所说，8月初韩去南京见蒋介石，蒋本人对日本在卢沟桥点起战火之后，是战是和正犹豫不决，又不与韩讲明，使韩颇感不得要领，反而使其心存幻想，以为中日冲突或可不致演变为全面开战。

二、日本人不时向韩透露日方不愿扩大战争，对此韩可能将疑将信。这是说，日本人在韩的身上下工夫，可能起了一定作用。

三、国际上此时不愿见中日战争扩大，主张调停中日冲突的呼声甚高，也使韩以为战事说不定不久即可结束。

四、上海"八一三"战争爆发后，南京根据作战部署，划分若干战区，分配防务，10月份以前，韩的防务为津浦线以东、胶济线以北，津浦线本身和青岛市都不在其防区之内，战火在此时不曾烧到韩的身上。

五、日本人暗地里说，决不打山东，更不在青岛登陆。公开宣称也是如此，为了使人相信此话，日本人散布以下说法：胶济线有许多日本

侨民的财产，如在此作战，将损害日本自身利益。事实上是日本人想以政治手段解决山东，争取韩做他们的傀儡，故极力避免在山东用兵。

由于前三点，使韩估计中日冲突有可能不演变为全面开战，山东自然因此也可以免于战火；由于第四点，更使韩产生山东可无战事的幻想；由于最后一点，韩在一个时期负有防卫任务的地区恰是敌人不用兵的鲁东，使韩得以在空隙中苟安于一时，无须表明其态度是战是和。8、9 两月山东抗日工作的混沌局面，即由韩复榘的此种取巧心理所造成。进入 10 月后，乃至津浦线战火向南蔓延到山东德州，同时又委他为第五战区副司令长官（长官是李宗仁），有在此作战的任务，乃不得不应战，然而韩实际上是急切求退。韩求退之意似与以下三点有关：

一、当时津浦线敌我双方兵力均不多，彼此似均无意在此决战。就我方兵力而言，除韩由鲁东调来的部队之外，更无其他兵力；因韩部西调而空出的胶东防地，也无其他部队接防。

二、韩早抱有“中国抗日必须西撤而后反攻”的看法。8 月 22 日我陪同军事家蒋百里先生至山东视察防务时，韩即向蒋百里明白表示，对日不求现在决战，但求能战能退；中国必撤至平汉线以西，待得到国际援助后，再反攻过来，方能取胜；如目前即进行决战，徒供牺牲，不如暂时保存实力，以待来日。韩对抗日前途大势此种看法，可能影响其行动。

三、韩自知自己部队无论在数量上或质量上，都不过如此，不堪一击，如与日军认真决战，即会完全输掉，而且山东这块他经营多年的地盘也保不住了，与其如此，不如力求保全自己的部队。

韩急切想退走，却事与愿违，欲行不得。原因在于此时韩找不到任何将其部队撤离山东的口实。当时日军在津浦线虽不断向南推进，却并不渡河（黄河）南侵，也不在胶东沿海或青岛登陆。敌人不来攻，怎好不战而走。可是此时平汉线的敌人已到安阳、大名一带，有截断韩由鲁西南西撤之路的危险，所以韩着急起来，就把重要的辎重及财物运往归德、郾城、周家口一带。

10 月 7 日，一度传闻韩有令，命所属公务人员南撤。

10 月 9 日，黄任之（炎培）、江问渔两先生由上海至济南，是专为了解山东民众动员工作而来的，他们打电话给我，我即由邹平赶赴济南，与他们会晤。他们说：上海市已展开动员民众工作，战火同样烧到山东，而山东却未做此工作。他们对此种情况既表示关心，又很愿意加以推动。随后我即将山东动员民众工作的有关情况与问题向他们作了介绍。我主要说了三点：

一、韩对抗日态度暧昧，不让人讲抗敌，不让他人做动员民众工作，所以这项工作至今进行不起来。不过进入 10 月，战火开始蔓延入山东境内，韩被动应战以来，愿意有限度地开展一些动员工作了。但在此之前动员民众工作的延误，不能不归咎于韩。二、但目前韩对此工作又从不热心变为不放心，极不愿人插手，尤不愿蒋插手。中央要各路军设政训处，准备派黄埔系的人来韩的部队负责政训处，做动员民众工作。韩先下手为强，即派余心清担任第三路军政训处长。三、目前做民众动员工作的有几个系统的，隶属不一，互不相谋，而且彼此牵扯，纠纷不断，工作因此开展困难。除了上面说的军队系统的政训处，还有一个系统是省党部的“抗敌后援会”（即原来按韩的意图称为“省防后援会”，此时因形势改变，故更名），也做民众动员工作。山东省教育厅有民众教育馆，也建立了做此项工作的“战时工作团”。我们做乡村工作的也愿意在此尽力，也可算是一个系统，虽然不曾参加进去闹纠纷，但苦于无法用力。黄、江二位听了我这番话以后，勉励我排除困难，将此项工作开展起来。我深为他们的话所感动，又见战事已逼近济南，需要动员民众更为迫切，现在应是此项工作转机到来之时，于是决心振奋精神，再次努力开展工作。

10 月 10 日，省建设厅厅长张鸿烈宴请黄、江两位，有何思源、余心清、李文斋和我作陪。大家谈话甚多，从午饭一直谈到晚饭，许多积存心里的话都说出来了。这是因为黄、江两位远道而来，鼓励策勉之故。那天议论结果有两点：一是成立“民众动员委员会”，各有关方面都派人参加，以协调各方面的力量。当场推选出五人为常务委员：余心清、何思源、李文斋、张绍堂和我，并推我任主任委员，我也表示同意。二是加强政训处，推荐王近信（子愚，教育厅秘书主任）为政训处副处长，皮松云为科长，协助余心清开展工作。当晚我们带着这些意见一齐去见韩，说明应团结一致进行抗日工作；军事方面自然由韩做主，而配合作战的民众动员工作由我们大家负责推动。韩听过以后，很高兴，说完全同意。

次日（10 月 11 日）晨，我再去见韩，提出三点：一、请放手让大家去做民众动员工作，只有放手，大家才好开展工作。二、即刻整饬军纪。现在军队到处抓壮丁，随意收缴民众自卫枪支，以及许多糟害百姓的事；军民关系不好，很难配合作战。我并举了一些实例，说明韩部队军纪之坏。三、说明大家要团结抗日，不可互相猜忌，更不可互相倾轧；对挑拨离间的话不可听。韩听过以后，对第一点当然无话可说，对于第二点，关于他部队军纪不好的事，他多次辩解，说不是事实，而是有人有意攻击。对于第三点，他认为如果有人挑拨离间，可置之不理。在他整个谈话中流露出对于民众动员工作和成立“民众动员委员会”事并不热心，这使我冷静了下来。

12 日晚，按原定计划，“民众动员委员会”准备成立，并将在成立会上正式推举我为主任委员。但在临开会之前，省府秘书长张绍堂在电话中劝我说：主任委员你最好不要当，还是让李文斋去干好了。他用意何在，我也弄不清楚，但他们对此事原来不大热心，现在却完全可以看得出来了。原来以为转机将出现，从此大家可互相配合，将已经延误了的工作开展起来，此时我又预感事情不好办，才知只不过是徒兴奋一场而已。

10 月 13 日，日军攻下平原，进逼禹城，离济南已不远。当日深夜省府紧急会议，决定将省府迁宁阳县。

10 月 14 日晨，我得知省府将迁走的消息后，即去见韩，表示不赞成。韩解释说，战事已逼近济南，一些公务员作战时不但无大用处，而且会成为累赘，所以先迁走。我提出无用人员可给资遣散，省府则仍以不移为好。当日中午许德珩、程希孟由北平南下，途经济南访我，谈及当时山东战局，也以为省府不迁宁阳为好，并劝我午后再去见韩，但仍然说不通。我见山东局势已无可为，就于夜间赶回邹平，处理乡村建设研究院的结束事宜。乡村建设研究院创办于 1931 年，至此已有 7 年，7 年工作付之东流。

10 月 16 日，我最末一次离开邹平去济南。20 日因南京来电又催我出席最高国防会议参议会，我经济宁略作停留即转南京。在南京前后逗留将近一个月（其间去安徽巢县一次），目睹南京政府撤退景象。11 月 21 日我由巢县再返回南京时，南京已成一座空城，政府人员几已全部撤走，只留有守卫部队。

11 月 22 日，在撤守的前夕我离开南京。当时已找不到汽车，我是借用甘乃光的车去下关车站。车站一片混乱，已无车票可买。设法过江后，浦口车站更乱，随处是抛弃的行李，真是堆积如山，像一座座小楼房。人们只顾逃命，已顾不及行李了。车厢里挤满了人固不用说，车厢顶上，甚至车厢下也有人设法攀附着什么，想让列车将自己带走。我们无法上车，找到一位铁路工人，被他引到调车场，上了尚未编组的空车，等候挂钩开行，才又回到山东的。

11 月 24 日，天明时我回到济南，借住在何思源坐落在小东门外的住宅里。当日中午就同何思源去千佛山看韩复榘。我们乘轿上山后，见韩正在住房前来回徘徊。见我们来了，韩便对着我说；你看我还没有走吧！这显然是针对着 40 多天前我的疑虑而说。实际上此时韩想退出山东更加急切。

26 日，梁仲华、王绍常、何思源、余心清和我，聚会于何思源家，对如何收拾人心、挽回山东危局，特别是对韩的部队乱抓壮丁、收缴民间自卫枪支，共商对策。由于乡农学校负有训练壮丁的任务，平素壮丁集合训练在此，枪支也很现成，于是每每整批被韩部队带走。有时更使用欺骗手法，最初只说集中训练，几日以后，忽然一道命令，几十人即全部带走，而事前乡农学校向乡民所作“绝不带走”的保证，全无法兑现，自己也落于欺骗民众的地位。最后共同拟出向韩提的建议有下列几条：

一、亟应切实收拾人心，安定人心，然后才能完成军民合作，一致抗敌。为此应做到：

1. 将地方自卫组织与国民兵役区分开来。国民兵役（即各县现有之国民兵、义勇壮丁队）其目的专为补充部队，地方自卫组织的任务是专为保护地方，搜查汉奸、流窜盗匪及敌人别动队，并负有战时交通运输，以及经济节制之责。凡加入国民兵、义勇壮丁常备队者，不加入自卫组织；凡已加入自卫组织者，得暂免补充兵役。

2. 征集壮丁和补充兵役，应有计划有系统进行。请通令本战区各部队，并布告民众，对于地方自卫组织，如乡农学校受训壮丁，不得任意抽调，对于其枪支，不得任意征用。

3. 通令本战区各部队，凡遇有前方（黄河以北）退来的民众武装，应予优待保护，不得没收枪支及有搜索事情，并随时向上呈报，指示收容办法。

4. 通令本战区各部队，凡行军驻防需用民房及民伕者，应向地方行政机关或乡区负责人员接洽办理，不得自行占用及拉伕。

二、本省划分三个地带，进行工作。

1. 黄河北岸各县地方政治军事工作，除省主席（指韩）直接指挥之各部分（刘书香、张绍堂、范某）外，其余均责成黄河北岸游击总司令负责处理。工作重点即在黄河以北敌占区，并推王绍常为游击司令，在此地区与敌人相周旋。

2. 第一、二、三各行政专区（济宁、菏泽、临沂），亟应加紧政训工作（即民众动员工作），参照政训处颁发的民众组织大纲，及第一专区各县自卫组织进行计划大纲办理之。

3. 历城、泰安等 26 县地方，应设特区政训处，拟请民政厅李树春厅长为正处长，何思源、余心清为副处长，调用民教政训各厅处人员负责进行工作。

当时还商定与韩谈话分两次进行，提出以上建议。27 日梁仲华先与韩谈，只粗陈大意，无结果。

28 日李宗仁到济南视察（李当时任第五战区司令长官，驻徐州；

韩为副司令长官，故来视察）。29日我携带上述建议去千佛山找韩细谈，计自午前10时谈至午后3时。韩对我们的建议不表示接受或不接受，只是再三强调他本人不能胜任，不能做头子，不如宋哲元能够服众，而部下也无能力强的干部等等。其实这是托词，因韩此时只想急切退走，自然无意发动民众，也不会顾惜地方，而一心想如何在退走时将壮丁带走，将枪支、财款携去，以扩充自己实力。这是我与韩最后一次谈话。恰好在这天李宗仁来电报要我去徐州，我即于30日经兖州到济宁看视后于12月3日到徐州。

在徐州停留两天。李宗仁对我说，他11月28日在济南视察时，韩当面部署其部队撤往周家口、郾城一带，对他毫不回避。我也将韩无意作战，而一心西撤，以保存自己的种种事实详细地告知李宗仁，请李制止其西撤。

12月5日我离徐州，9日到武汉，南京国民政府此时已迁至武汉。在国防最高会议参议会上，我曾就韩复榘不积极作战，急切退走之事做报告一次。12月21日在湖北省府官邸见蒋介石，我也将韩的问题告诉了蒋。蒋听后笑答：我全已知道。

1938年元月中上旬我访问延安后不久，即听说蒋以召开军事会议为名召韩到开封，将其逮捕，押往武汉，在作军法审判一次以后，将其处决。据刘熙众（山东省公路局局长，韩的亲信）说，韩被囚禁在武汉某楼房内。一日有人传令：蒋委员长召见，韩便更换好整齐的军装前去，待其下楼时为人击毙。

记彭翼仲先生*

——清末爱国维新运动一个极有力人物

凡自幼居住北京而年在六旬以上的老辈人，一提到“彭翼仲”三字，大概没有不耳熟的。其人其事虽已过去五十多年了，而在不少人中间仍然留有印象。他于1902年为北京社会首创了第一家民间报纸，随后又陆续出版了两种报纸，倡导爱国反帝和维新改革运动，遭受摧残，身被重罪，如我后文所述。然而我今天查阅那些讲到中国报纸历史的各书，或则漏掉不提，或者止于提及报名，或虽则言及某报被封、某人被罪，却又错谬不合。至于其所从事的社会运动曾有若何影响成效，就更无只字道及。

---

* 选自中国文化书院学术委员会编：《梁漱溟全集》（第七卷），山东人民出版社1993年6月第1版第1次印刷，第75—103页；原文写成于1960年。录自《文史资料选辑》，1961年，第四辑。——编者注

我查阅的计有下列各书：

1.《中国报学史》，戈公振著，1927 年初版，解放后有三联书店 1955 年新版

2.《中国新闻发达史》，蒋国珍著，1927 年世界书局出版

3.《中国新闻事业》，黄天鹏著，1932 年现代书局出版

4.《中国现代报刊史讲义》，中国人民大学新闻学系教研室编稿

5.《中国近代出版史料初稿》，张静庐编，中华书局出版

就这些书来看，对于过去各地报纸，还要算戈著《中国报学史》记的较详。原书第 4 章题为“民报勃兴时期”，在北京出的日报方面，首列《京话日报》，从报期刊方面首列《启蒙画报》，而于《中华报》亦没有漏掉，这就很对。戈著把中国民间自出报章标为“民报”，以别于官报和外报——外国传教士或洋商办的报，这种分别亦极好。官报、外报、民报其背景立场本来是迥然不同的。例如不加区别的话，北京之有近代报纸，日商《顺天时报》还早于《京话日报》。但那是有日本帝国主义作背景的，别有作用的。北京有官报则更早。唯独从中国的民间立场来说，彭先生之在北京办报乃具有首创精神，不容埋没。

然而戈著对于彭先生之被罪和他的报纸如何被封，却又言之错谬，如原书说：

> 光绪三十二年《中华新报》以登载军机大臣瞿鸿机卫兵抢掠事被封，主笔杭辛斋、彭翼仲递解回籍。

这里《中华新报》实为《中华报》之误。光绪三十二年（1906 年），当时北京并没有什么《中华新报》。而且向来军机大臣在京亦未闻有什

么卫兵，更没瞿的卫兵抢掠之事。当时彭先生所办《中华报》和《京话日报》同时皆被封，实别有其原因，如我后文所述。彭、杭二公最初定罪虽同是递解回籍，严加禁锢，但后来只杭公递解回籍，彭先生则是发往新疆监禁10年。所以戈著说的大多不对。

戈著所说，有的对，有的不对。其他各书则更疏漏或有误，尚不及戈著。这就使得我今天不能不来写此一文了。

我和彭先生的关系非同泛泛，是有责任来做此记述的。他和我先父从年轻便交好，换帖订盟如兄弟。因为交好，彼此又做了儿女亲家，他的长女就是我的长嫂。在办报的同时，他又办了“蒙养学堂”，亲自教育儿童。学堂同报馆即设在一处（前门外五道庙路西），我就是那里的小学生，课余常常看到排版印刷。《启蒙画报》便是我自幼心爱的读物。1942年在桂林我50岁时，曾写过一篇《我的自学小史》，叙说我既没有受过四书五经的旧教育，所受新式学校教育亦很少，一生全靠自学。而自学每每是先从报章杂志吸取常识，引起了某一方面问题的兴趣和注意，然后再寻求专书研究。彭先生所出各报正是最初助成我自学的好资料。彭先生当年的事业和他致力的社会运动，原都有我先父一分赞助力量在内，而到后来我之所以投身社会政治运动，自然亦是受他们两老的启发和感召。试问像这样，我焉能忘怀于他，不为他尽这份笔墨之力?

当我将要撰写此文，我先邀请彭先生的子女们会谈。这就是一位72岁的老姐姐彭清缃，还有清杰、清颐两弟兄，亦各60多岁了。向他们征集些材料并请其帮助作些回忆。又恐怕我们这关系太亲密的人叙述易流于溢美或偏于主观，我特访老舍先生，征求意见。老舍大为赞成，鼓励我放笔写，还又介绍我访问了徐兰沅、萧长华、郝寿臣各位先生，都请他们说一说当年对于彭先生及其报纸印象如何，感想如何，希望从旁面得到一些印证或矫正。本文在后面都分别引用了他们各位的谈话。

彭先生所办的三种报

彭先生所办报纸先后计共有三种，最先办的是《启蒙画报》，开始于1902年夏间出版；其次是《京话日报》，开始于1904年阴历七月出版；又其次是《中华报》，于同年阴历十一月出版。就在《中华报》出版后，感觉到三种性质不同的报刊难于兼顾得来，于是把《启蒙画报》停刊了。此后便是《京话日报》和《中华报》两种在发行，直到1906年阴历八月十二日同时被封为止。

说到《启蒙画报》，徐兰沅先生极有印象，自称幼年非常爱看它。这恰同我一样。他指出它给了我们许多自然界现象的科学说明，获得一些常识而免于糊涂迷信。它与今天的连环画、小人书略相近而又不同。少有国王、公主、老虎、狗熊的童语，却把科学道理撰成小故事来讲。讲到天象，或以小儿不明白，问父母，父母如何为之解答。讲到蚂蚁社会，或用两兄弟在草地上玩耍之所见来说。做算术习题，则以一个人买卖东西为缘由。讲历史，则先讲些较近的清史以至最近如庚子义和拳的经过。开初还有一门“蒙正小史”，专选些古时人物当其儿时的模范事迹来讲，儿童们看了很有益。至于名人轶事，则有如诸葛亮、司马光、范仲淹很多古人以及外国的拿破仑、华盛顿、大彼得、俾斯麦、西乡隆盛的种种故事，长篇连载。它行文之间，往往在人的精神志趣上能有所启发鼓舞，我觉得好像它一直影响我到后来。

《启蒙画报》最初是日刊一张，后改半月刊，又改旬刊，每册约二三十页。画图出于永清刘炳堂（用烺）先生手笔。刘先生作画不是旧日文人写意一派；他虽没有学过西洋画法，而自能得西画写实之妙。可惜当时只能用木板雕刻，不免僵拙，又墨印没有彩色。北京图书馆现存有此报1902年和1903年的，而缺1904年份的，约计所存不足其全数三分之二。

当年对于北京社会乃至广大北方社会起着很大推动作用的，却是《京话日报》。它是全用白话文的小型报纸，内容以新闻和演说（相当于社论）为主。新闻分为本京新闻、各省新闻和紧要新闻。紧要新闻包有国内和国际的大事。它原是给一般市民看的，但当时社会的上层人士看的亦不少。彭先生所致力的爱国维新运动，主要凭借于此报。本文随后将特加叙述，这里且不说。

据郝寿臣先生对我谈，他曾是《京话日报》一个热心的读者，每月累积装订成册，都保存起来，只为年代太久，又历经变乱，而今已没有了。其实这在谁家，亦难以保存得下来。幸好我从张申府先生处得悉北京图书馆有存本，还是解放后他为图书馆从旧书摊贩手中购置的。这便让我在此文撰写上得有所资据。

《中华报》又是别一类型，不同于前者。本来彭先生念念在开民智，其眼光总是向下看广大群众的，不像康、梁之向上看朝廷政府。彭先生又是力倡白话文的（详后），认为文言极不便于大众，必须要改。但《中华报》却全是用了文言而命意“开通官智”。——这句话是彭先生自己说的[①]。所以其内容除新闻消息外，以论政为主。它是专为当时社会的上层人士看的一种报。因我那时年幼，不大能看懂，就不多看它，现在对它已经印象模糊了。只记得它是订好薄薄一本的而不是一单张纸印的。北京图书馆虽存有前两种报，但却没有此报存本，大约现在无可寻

---

① 见《彭翼仲50年历史》，第40页。

觅的了。

《京话日报》和《中华报》之所以被封，彭先生之所以得罪，可能由于招人忌恨已久，而《中华报》的一篇报道却为事情爆发的导火线。有康、梁一党的吴道明、范履祥二人由日本回国内有所活动，在天津被袁世凯的北洋营务处（相当于军法处）秘密处死，经《中华报》以“保皇党之结果”为标题揭发出来。据彭先生的自述：

> 保皇党被捕杀一案，京津各报无敢言者。《中华报》访员由天津来稿，详述党人口供并暧昧处死之情形，附注云“事关重大，不负责任”。杭辛斋以稿示余。余曰：必专员赴津调查再登。专员往返五日，来稿不虚，遂决然宣布。盖当时方奉预备立宪之明诏，乃复有此暧昧杀人之事，立宪希望，岂非虚语。宁牺牲报馆之营业，以杜绝其将来，维持人道即所以维持政体也。（见《彭翼仲50年历史》第46页）

这一揭发对于袁世凯，实在是他无可忍的刺激。恰好此时北京政府新设了巡警部（后改民政部），尚书徐世昌，侍郎赵秉钧，皆袁系人物。特别是赵不过一候补道员，先在天津为袁编练巡警，主持警政，遽以袁之特保，越级升任侍郎。所以袁一个电报到巡警部，巡警部就命令外城警厅（当时北京分内城、外城）封报抓人。随后乃又由巡警部奏明清廷封闭报馆，将主笔人杭辛斋、彭翼仲一同课罪。

可笑的是，巡警部命令和奏折上只空洞而抽象地用了“妄议朝政，捏造谣言，附和匪党，肆为论说”十六个字，而不具体指出犯罪事实。而且这十六字明明加于《中华报》头上的，而另一《京话日报》竟亦凭空连带被封。封闭报馆的处分和彭、杭二人“即日递解回籍、交地方官严加禁锢”的处罪，皆未经任何审讯，就在命令中先予决定了。——部令到厅，厅里发出传票，票上录有部令原文，付给被拘传人阅看，所以知其如此。其上奏于朝是在下命令之后了。权臣的威力真好大呀！

隔不久，又以彭某在押所行凶为借口，转送刑部监狱。刑部改了法部，由法部奏明判发新疆监禁十年，于 1907 年被解往新疆。到 1911 年革命后，清廷既倒，民国元年彭先生才得赦回来。

1913 年春，彭先生回抵北京稍事休息后，曾将《京话日报》恢复出版。但没有多久，又逢袁世凯以武力解散国会和削平南方革命党，报纸言论触犯忌讳，再遭封闭[①]。经过了一个时期之后，还曾作第三次出版。

第三次出版时，彭先生精神气力已有所不逮，加以北京的小型报纸此时很发达，都很讲“生意经”，使得《京话日报》甚感经营费力。有一友人吴梓箴愿意接办，即付托于他，自己退休。吴于 1918 年身故，彭先生自己重行接过来。到 1921 年冬彭先生病故，我和先兄试来接办。但人力财力两难维持，卒于 1922 年上半年停刊了[②]。

这三种报纸的始末大致如上，以下将就彭先生爱国维新运动分为两段叙述。

---

① 袁解散国会时，杭辛斋先生是国民党议员，曾为陆建章的军政执法处捕去，几遭杀害。其事即在《京话日报》二次被封的同时或前后，两件事有无多少关联则不详。

② 1922 年春我曾为接办《京话日报》奔走，访梁任公先生于其天津寓所，承他捐助了 200 元。我又先后对李大钊、张难先两位先生谈过，希望得到人力帮助，两位先生亦各曾亲自来过报社。

爱国自强，反对帝国主义

彭先生的办报，全由庚子年（1900年）八国联军入京，他身受洋兵欺侮，险些丧命，那一大刺激而来[①]。他常常说，如果那次不是勇往拼性命以争，此身早已不存，现存这条白捡来的性命正好再勇干一场，一切无所吝惜，一切无所计较。于是他豪勇地走上爱国维新运动的道路。

爱国和维新在当时直是不可分开的事情，却是先出的《启蒙画报》代表着维新，而稍后出的《京话日报》则爱国反帝的色彩极其浓厚。因为他感到庚子义和拳虽代表着民族反帝正气，却可惜迷信幼稚，无补于国，所以他认定开民智最为急务。《启蒙画报》正见出他想引进科学而破除迷信这一要求。在画报中虽亦偶有“时闻”一栏对儿童谈及时事，究竟还未能随时针对当前具体问题向广大社会倡导爱国反帝运动。于是他就再创办了《京话日报》。

《京话日报》开头一篇演说，只平泛地说明出报之意，不足以见其激动着的内心，真正的发刊词却见于出报70多天后和100多天后的报上。试摘如次：

> （上略）我实实在在对众位说，我们出这《京话日报》的本心，原为的是我四万万同胞糊糊涂涂的倒有一多半，不知如今是怎一个局面。外国人的势力一天增长一天，简直要把我中国人当作牛马奴隶，要把我国的矿山铁路都作为他们的产业。你想想，等到那时候中国人都得听外国人的号令，如同现在埃及人、印度人一般，还有

① 见《彭翼仲50年历史》，第33页。

> 什么人味儿？但凡稍明时势的人不能不着急。心里着急，由不得嘴里要说。但单凭嘴说，能有几个人听见呢？所以赔钱费功夫做这《京话日报》，就是想要中国的人都明白现在的时势，知道外国人的用心。然却不是叫我同胞仇恨外人，学义和拳那样举动。……要人人发愤立志，……不要把国家的事当作与自己无干。（下略）

以上这一小段话，见于108号到113号六天报上的一长篇连载演说中。演说的题目是："本报得罪了德国钦差"。

原来在95号报上的紧要新闻登了"德国人在山东的举动"一段，其中说：

> 德国人经营山东，最注意军政上一切布置，其次便是商业。……（胶济）铁道经过的地方皆有德国陆军来往，其用意可想而知。……请大家闭眼想一想德人在山东是怎样举动。

德国驻京公使持此报纸到清政府外务部提出了交涉。

在此事之前，就有一次英国公使行文外务部为《京话日报》的言论提出交涉了。那是因为英属南非洲虐待华工，惨无人道，报纸揭载并极力反对其在京津一带以及附近各地招工；同时还将洋商汉奸在闽粤一带勾结贩卖华工的惨剧编成小说《猪仔记》，加画图连载多日。外务部为英使所迫，札饬五城公所（一种旧警政机关）勒令具甘结以后不再登载。彭先生一面从容应付，一面在报上发表一长篇演说（见于73号到76号四天的报上），其标题竟是："本报幸逢知己"。

"知己"指英国公使。为什么说他是知己呢？彭先生文中自述他在办不办《京话日报》这问题上原有些犹豫未决，只为这年（1904年）5月间亲见一批华工被送出洋，其状甚惨，深受刺激，才促成了他决心办这个报。末后就结束说：“这是我办《京话日报》的始末根由，却从没有向人说出过，现在被萨道义公使看透我的心事，岂非是一位知己吗？”

我说它真正的发刊词在出报70多天后和100多天后，正为此。

请试想一个报纸出版不过二三个月，便引起了外强迭向这弱国政府提出交涉，其爱国反帝的精神气魄岂不可见。

更妙在彭先生的应付很得法。他对五城公所的勒令具结难以当下反抗，便先口头应承，却马上自己去见英使。英使派员接见。彭先生指出，当初中英订约招工，限定在通商口岸招募，所以你们在此外地方招工我就非反对不可；至于所传虐待各情，倘非事实，请来函本报指明更正。若三日不见来函，仍将接续登下去。其结果是英使竟不再问。而官府——五城公所，倒因报纸之鼓吹，最后亦张出告示来禁止其招募，告示还在137号报上登出。

及至这次德使来向外务部麻烦时，外务部就有了经验，不再施用压力，而嘱人示意报馆自行了结。彭先生又亲访德使馆，说明本报所载各节，皆从上海某某中外报纸采摘而来，只不过简略地演为白话而已。原报如其更正，本报自必更正。同时就在那篇“本报得罪了德国钦差”演说文中，坚决表示不能屈服于帝国主义。原文说：

本报出版以来，幸得英、德两公使的提倡。假如是因此封了门，把这《京话日报》永远停止，也算中国的国民与外国人争权的纪念。将来外交史上必要说道某年月日因《京话日报》记载英属南非洲招工的事，与英国钦差如何交涉；又某年月日因其记载德人在山东的势力，又与德国钦差如何交涉。怎样个起头，怎样个结果。本报就只出这一百多号，总算没白费功夫，岂不是两位钦差大臣的成全。……

然而后来竟亦没有事。

其后德使又有另一次向外务部麻烦的事情。那是有一天彭先生在东交民巷口遇见德兵赶车运货回营，嫌其前面的一个中国人力车迟滞，连连举鞭痛打那车夫和车上一老者。彭先生愤其凶暴，特尾随到德国兵营，就其门岗对一对表，知是午后 2 时又 10 分钟。次日将其事在报上登出，痛论德兵无礼，警告德使非惩罚那个兵不可。德使这次这算未作过分无理要求，只说要彭先生亲去辨认那打人的德兵。外务部当然更是要彭先生自了其事。彭先生就在报上作答复说，自己当时尾随在后面，未能看见那个兵的面貌。但可指出是两个德兵的右边一个，而且出事的时间地点既然都言之明确了，谅德兵营的官长应不难据以查出其人来。后来德兵营居然认真查追，惩戒了那个兵。

经过这几桩事情，《京话日报》在社会上的信誉和声价顿为之一再增高，销数由 5000 骤升 8000，由 8000 而超过 10000 份[①]。

爱国反帝的言论在他报上随处可见，本文无须亦不可能详述。下面大略摘列其新闻或演说的一些标题出来，便可想见其概：

忠告日本内田公使（112 号报）

胶济铁路（德国修建）扰民实情（119 号报）

---

① 见《彭翼仲 50 年历史》，第 38—40 页。

告我国人（126号报）

敬贺各国新年并预告各国使馆卫兵长官（135号报）

论近十年来中外通商情形（144号报）

外患图说（157号报）

论国债（166号报）

法国兵不法二则（177号报）

醉洋兵（178号报）

俄国兵照旧逞凶（188号报）

好霸道的日本人（195号报）

大呼四万万同胞（196号报）

再忠告内田公使和日本兵官（251号报）

外国府（使馆或兵营）的势力可怕（154号报）

抵制美国禁止华工续约（282号报）

洋老爷（308号报）

《京话日报》截至被封为止，共出751号，这里不过仅就其一小部分报纸来摘取的。

读者结合前述德兵打人之事，再从上列许多标题上一看，不难看出庚子后外国洋兵在中国的骄纵横暴，是当时令人十分头痛的一个问题。既然官府怕他们在先，散散漫漫的普通人民还有谁敢抗一抗？况且受欺的大多是劳苦大众，那是更难出头来抗的。唯独彭先生本人的侠勇，配合他的报纸这一文明武器，却让各外使不能不有所忌惮，让中国人民的积愤稍得抒快。《京话日报》和彭翼仲的名声所以传遍京城内外，首先在此。

然而要紧的还在于把爱国反帝形成一社会运动，指导人们如何去实践。这却有待于机会，看题目行事；大题目可以大作文章，小题目小作。例如：留学日本的中国学生被辱激出风潮，陈天华蹈海，遗血书以告国人；杭州惠兴女士热心教育，以身殉学；南昌知县江大令在外国教堂不曲被害，老百姓仇教，又杀了洋人；这些都连续报道其事，号召人们开会演说追悼，以至集资募捐等等，便算小题目小作。其较大的，有如美国禁止（排斥）华工，中国驻美公使与美政府交涉相持经年，不得解决，沿江沿海各埠发起抵制美货运动，北京方面就全靠《京话日报》来响应，来宣传号召。我还记得连我们这样小学生都走上街头散发传单，并向各“洋货店”（当时商店招牌即如此）检查劝告。那一次运动颇不算小，延续了亦很久。从其震动朝廷，清帝出了上谕来说，“抵制风潮过激，应加意防范，以维大局”（见372号报），就可知道了。

在类此反帝运动中以及南昌教案风潮中，爱国的基督教徒往往和外国教会或其教士有许多矛盾发生。《京话日报》不止一次刊出中国人要自立教会的消息，并演说鼓吹自立教会，以摆脱外人势力（见584号、590号报），这与今天的“三自运动”，颇有些暗合。

从《京话日报》自身来说，它所倡导的各次运动中声势最大的，得到了广泛响应的，莫如国民捐运动。

其缘故是这样的：有一位热心的读者王子贞先生（基督教友，开设尚友照相馆），自己出资成立了“尚友讲报处”，专替《京话日报》做宣传。他在一次演讲中偶然提到庚子赔款4.5亿银两，莫如由全国四亿同胞一次凑齐还清的话。这话原是报上曾有过的话，他就写成一篇讲词，请彭先生阅正修改，随即作为彭、王二人合稿登出来。不想马上有太医院院判张仲元投函说自己首先捐银200两，促请速订章程办法，早见实行。接连投函者纷纷而来，有个人，亦有集体（如消防队全体官兵），不出 5 天时间，累积认捐数字便达 700 多两。于是一篇议论就这样行动具体化起来。那篇讲稿大意说：庚子赔款言明 4.5 亿两，分年偿付，要到光绪六十几年上才得还完，连利息一起便是 9 亿两。这是中国人的沉重负担。现在东亦加捐，西亦加捐，各项加捐，要皆为此。为了抽捐，设局所，派员役，薪水工饭开支而外，还不免若干中饱，末后民间所出的恐怕一百亿两不止。民间负担不了，难免抗捐。官说“土匪抗捐”，民说“官逼民反”。前途痛苦，不堪设想。何如全国四亿人齐心合力，赶快一次自动地凑出来，救国救民即以自救。——这样就叫它为“国民捐”。

始而报上辟出一些篇幅，标题“国民义务”四字，每天专登各方认捐的衔名、姓名或集体（仍注明各个人名）和捐数。由于认捐一天踊跃一天，所占篇幅愈来愈大，势非另想办法不可。到 426 号报上（距其开始不过 50 天）即宣布其暂停，将其另印出一附张，随报附送。此后除有关国民捐的特殊提倡消息在新闻栏登出外，报上即不再见认捐人名和数字。从后来新闻中知道一些贫苦人愿捐的感人事迹，而达官贵人自捐和出面提倡的倒亦很多。例如：以庆亲王为首的五位军机大臣就都捐了；管理内务府大臣世续下堂谕于内务府三旗来提倡；学部尚书荣庆独捐 1 万两；吉林达将军自捐 1 万两，还募集了 4 万多元；广东岑制台、河南陈抚台皆各捐 1 万两。北京的佛教八大寺庙出头号召全体僧徒开会认捐，而直隶（今河北省）同乡京官全体则集合在松筠庵会商认捐及向全省劝捐事宜。如此之类，不必悉数。意想不到的是涿州在监囚犯亦有 31 人投函认捐，而远远的南洋群岛华侨亦闻风响应。举此二例，其如何澈上澈下和由近及远，均可想象，不烦多说了。

捐款总经收处设在户部银行（户部即当时的财政部，户部银行后改大清银行）。户部银行对于收款即行生息，声明如国家将来不提用，便本息一并发还。计为期约整一年而彭先生被罪，这运动就自然停止，随后由银行出来宣布发还捐款[①]。

维新和社会改革运动

彭先生念念在开民智，其意所指是很宽的，在 174 号报的演说中曾提出过五个项目：一、多开工厂，人人自食其力；二、改良戏曲，激发人心；三、多作对众演说；四、广传白话报，教人人明白大局；五、多设蒙养学堂，从小时就教他爱国。大约许多维新和改革事项，他皆认为是开民智，初不止此，而大都类此。

本文既将他爱国反帝划分在上面说了，这一段要叙述他所倡导的一些维新改革运动。

当我访萧长华老先生，问他对彭先生曾有何印象时，萧老回答大略如下：

> 我本人没有见过彭先生；但我师兄徐宝芳（兰沅之父）却在一次彭先生邀集戏界同人谈话之后，把彭先生对大家谈的话讲给我听，我真是万分赞成和佩服。彭先生要唱戏的朋友们不要自轻自贱，在演戏中负起社会教育责任。要引导人们学好，不要引导人们学坏。第一不要唱“粉戏”——那亦就是今天所说的黄色戏文。记得当年在彭先生提倡下，就禁演了 30 多出戏。

① 民国元年南京留守黄兴倡办爱国捐与此相类似，其运动亦曾发展到北京，但不论从北京看从全国看皆不及国民捐的声势。

这里说的某些戏禁演自必有当时地方行政方面之力，不能全归功彭先生。不过戏曲改良确是彭先生所致力的一种运动；所要改革的亦还包含鬼怪迷信和情景凶惨可怕的戏。同时当然更积极提倡有教育意义的新戏。

郝寿臣先生曾向我陈说，当年戏剧界一位名角田际云，是能配合彭先生搞这运动的人，应当表扬[①]。郝本人见过彭先生，便是曾在田家一同吃过一次饭。在彭先生的鼓励和帮助下，田把杭州惠兴女士毁家兴学并以身殉学的一段时事（见前）编成剧本，他自己扮演惠兴女士，就是当时新戏之一。事前向官厅申请，所有演此戏的全部收入都捐助杭州那个女学。有人说北京市上之有“义务夜戏”，即开始于此；但郝先生则说义务夜戏是为了国民捐而开始的。不管哪个说法对，总之不出乎彭先生搞的那些运动开始的。

我先父亦是当时力赞这改良戏剧运动的，曾取古书上鲁漆室女忧鲁的故事，编“女子爱国”一剧本，由名角崔灵芝演出多次。其剧本全文就披露在《京话日报》上。

新近出版的梅兰芳《舞台生活40年》第二集第一章，梅先生自述其初次试演新戏《孽海波澜》的事，有涉及彭先生的一段话：

> 《孽海波澜》是根据北京本地实事新闻编写的。故事是叙说一个开妓院的恶霸叫张傻子，逼良为娼，虐待妓女，让主编《京话日报》的彭翼仲把张傻子的罪恶在报上揭发出来，引起了社会上的公

---

① 据郝寿臣先生说，当时戏剧界同人的组织名为“正乐育化会”，会长是谭鑫培而副会长即田际云。

> 愤；由协巡营帮统杨钦三讯究结果，制裁了张傻子。同时采纳彭翼仲的建议，仿照上海成例设立“济良所”，收容妓女，教她们读书识字，学习手工。最后这班被拐骗的女子由她们的亲属到济良所领回，骨肉得以团聚。

此外还有许多话，这里不必全引来，原书俱在，读者不难取阅。这事出在清末（1906 年），而把它编戏演出却在民国二年（1913 年）。作为一个新戏来说，不能算在彭先生戏曲改良运动之内。但这一事件本身却应该认为是彭先生所倡导的社会改革中的一事。

当时济良所的开办费和经常费是一面靠了报纸鼓吹劝募，一面靠了官府没收的张傻子的财物房产作一点基础。管理上则推举几个绅董负责（彭先生居其一），官府立于监督地位。后来规模逐渐扩大，完全改归官办，陆续收容的人很不少。凡明暗娼妓受欺压虐待的，或厌苦这种生涯的，都可自己投所请求收容，无论何人不能再追她回去。有人愿领取某一所女的，得其本人同意，经过一定手续核准，即可领出。这样，确实救了一些人。

还有以庙产兴学，亦是彭先生在他报上提倡之一事。南下洼龙泉寺道兴和尚办的孤儿院，即其一例。孤儿院内容办法大致像个小学堂，收容无依无靠的儿童，供给膳宿书籍等一切。开办的一天，彭先生亲去指导并演说。

反对旧日的私塾而鼓吹多办学堂，是那时维新运动最主要的事。改用些什么新教材呢？记得最初用的有上海澄衷学堂的《字课图说》，有《地球韵言》，有《格致读本》等等。彭先生和先父都认为四书五经不适于给儿童去读；为此，我和彭清杰、清颐弟兄竟一直未曾读经书。对于

经书，我只是后来自己看的。

我们在彭先生自办的学堂中，是男女同校而且合班的。有不少十几岁的大姐姐和我们一起上班学习。这在当时的社会上，没有一种魄力是做不出来的。

彭先生虽没有明白提出女权运动来，而其鼓吹男女平等，力倡要兴女学，那是旗帜鲜明的。他反对旧日妇女缠足的陋习，倡导已缠足妇女的放足运动。这些都见于报纸。

彭先生提倡白话文早于胡适等十几年。报上演说有“文言不喻俗”一篇，另一篇又曾指出白话文有八大好处。但报上却总还免不了有文言出现，有读者来函请他们自己注意。（就像“文言不喻俗”这题目便非白话。）本来中文不同西文。西文走拼音的路，用笔写与用口说是合一的。中国文字既以形体为主，笔写口说难以合一。于是彭先生又写“语言和文字不同的病根”一篇答复读者，承认自己旧习未净，要与朋友们共相勉励着改造。

官话字母是当时一种有助于文字改革的运动。所谓“官话”，就是大致以北京口音为准的普通话，官话字母即是其拼音的工具。彭先生为了开民智，极力赞助这一运动。

他反对在儿童教育中用体罚——打孩子。报上每每见有某处学塾的老师用了体罚、八旗某某学堂用了体罚这一类新闻揭出来，加以指责。

当时清廷已有谕旨停止刑讯——就是在审问讼案时不许再用刑逼供。但京内京外各处官衙很多仍然不改，《京话日报》若有所闻，必予以揭出，斥为“抗旨”。

当时鸦片烟正流毒社会，贻害甚深，报上总劝人断烟和鼓吹禁烟，其例不胜举。

旧日社会还有早婚的陋习，报上演说它的种种害处，力劝人不要早婚（见525号报）。

对于迷信神佛、烧香还愿、求仙乞药、迷信风水等等，往往随时在新闻报道中切实指出它的害处，惊醒一般人；而作专题演说亦有的。

总结一句话：在距今五六十年前的那时代，彭先生的言论主张和行动乃处处见出有其进步性、有其人民性，实在难得。

彭先生的家世、为人、办报的艰难及其特殊作风

当1913年彭先生由新疆回京后，《京话日报》二次出版时，曾有《彭翼仲50年历史》一书出版。书为一友人所编次，内有一部分出于彭先生自己撰述，又汇集了很多有关文件。本文的这一段有些处自不能不资取于此书。但此书论体例既说不上是什么体例，内容亦不见佳。它于彭先生所尽力的那些社会运动既未加叙列，亦未能表出彭先生的为人行事及其报纸作风。关于那些运动，本文既经在前两段扼要叙说了，这一段主要在把彭先生的为人及其报纸的特殊作风简略表一表。

彭先生名诒孙，号翼仲，原籍江苏长洲县（今苏州市）人，世居葑门砖桥，是当地数百年名门望族。祖父彭蕴章曾任清咸丰朝武英殿大学士军机大臣领班（相当于首相地位）。1864年，先生即生于其祖父的旧宅中，一直在北京长大起来，说北京话而亦能说苏州话。其熟悉于北京社会，远过于其故乡的苏州。

他自是那时中国封建社会中一个世家子弟，但他为人富于感情而体壮气豪，称得起血性男子。在遭际到帝国主义侵凌，我民族陷于颓败和危难并直接地给他以刺激时，他不能不动心，不能不用思想，从而就不能再安于其累代相沿的仕宦生活。故而一度很短的尝试入仕途之后立即

放弃[①]，而卒归走上他自己辟创的这条道路。

他的思想大致不外乎那时一般维新人士的思想，并无独特的见解和主张。他的妹夫杭辛斋先生可能有革命意识，而他则没有；他始终只是一改良运动者。既然在思想主张上无以异乎当时一般维新人士，而何以他表见得有些突出呢？这就为别人仍然不免在仕途中或旧社会各种生涯中混来混去，自为身家之谋者多，而他却不是。他敢想就敢做，勇于实践，不怕牺牲。似乎不妨说：他虽无革命意识，却有革命精神吧。

徐兰沅先生就曾给我指出说，彭先生有一种面对着旧社会而孤军奋战的精神和他不畏强御的胆量，这是不错的。他在一般具有维新思想的人士中不见其新鲜，而由于他力行其所知，不顾一切险阻和人们非笑，在广大的顽旧社会中却显得他新鲜别致而不能不落于孤军奋战了。

这就要说到他当时办报的艰难及其报纸的特殊作风。

首先说，办报是需要一些资本的，而他并没有什么钱。因他祖父下面有八个儿子（他父亲居第七），到他这孙辈上人更多，分不到什么遗产。而他父亲又幼患耳疾，一生只有个官衔，实际没有做官。他本人是非自谋生计不可的。这资本（据他自述）是将他堂弟彭谷孙售出房产的一项存款挪用而来[②]。像这样借贷投资于毫无把握的事业，除了彭先生谁肯干？

办报之初，是委托他家印刷厂代印，托铁老鹳庙报房代为发行。后来一步一步自办印刷，自办发行；又由办一个报而办两三个报，其投资乃愈投愈多。当时北京铅字排印机尚不多见，技工不易觅。记得彭先生

① 见《彭翼仲50年历史》，第32页。
② 见《彭翼仲50年历史》，第37页。

还是请得一日本人叫米田的来担任印刷技工。自办发行，亦是备受旧报房之欺而后迫得自己来经营的。

现在我把他自述其艰难的几句原文引录于下：

> （启蒙画报）开办未半年，赔垫约千金。弟有急需，……设法筹还后独力支撑，备尝艰苦。售去永光寺街房产，典质衣物，勉强度岁。……至甲辰七月创为《京话日报》，……是年仍有赔累。岁除之夕，避债无台。家有钻石表，先君一生仅留此物。……拟以此为质暂押数百金，向吴幼舲筹商，得其慨允。而此物又不在己手，取之极难。不得已函乞吴君凭空暂假二百金。一面遣人送信，一面即作殉报之准备。倘吴不应，决计一死。盖有所激而然也。用裁纸刀刻字壁间云："子子孙孙，莫忘今夕。"吴君交原人带回 200 金。此 200 金之关系与庚子年洋兵之枪弹同一生死关头，而性质不同矣。一仇一恩，皆终身不忘之纪念也。（见原书第 37 页）

由于朋友通财之义，彭先生此种困难，我先父自不能置身事外，前后接济款目立有借字折据。彭先生被罪后，先父于折据上批注"同心救国，何意求偿"。事实上仍得到偿还的，那是在彭先生回京后了。然可见当年报馆一直负有债务的。

彭先生办报的艰难，非止在经济上；社会上的阻力更居重要，而且它又影响到经济。首先是社会上不习惯，群呼为"洋报"。有些老年人戒其子弟不要看。竟有人付过订报费，送去报纸而被其家老人严词拒绝不收（见 264 号报）。报纸取价虽不多，但无论铺户或人家初时总不想增多此一项开支。报纸的经营是要销路多和广告多才行的，而这两者当初皆不可得。陷于经济困难者正在此。然而待风气慢慢转变开通，这种阻力可消。还另有更大的阻力。

更大的社会阻力却与其报纸作风有关。我们来说一说其不平常的作风。

这里说作风，主要就《京话日报》而说。本文在前曾说过《京话日报》对于社会起着很大推动作用，其作用正从其作风而来。这作风约可分列出下面几点：

（一）报上无论是记新闻，是作演说，其笔锋上总带着感情，语气上总有抑扬——有指斥贬抑或称赞表扬。有时甚且是极其重的抑扬。例如它竟有这样字句出现：

“……丑，……更丑！”

“……可哭，……更可哭。”

而且其字体特用了大号铅字印出，格外触目。这是遇到了甘心做洋奴的中国人（翻译或杂役）借着外人势力欺压本国同胞，或其他的令人伤痛之事而出此，自然极不多见，却亦非止一二见。

总之，其好恶之心太强，衷怀所感，恒不觉形于笔墨。举此一端，其他可以想知。

再则，除了排印时把某几个字突用大号字体之外，有时文字右旁加圈加点，甚且连圈密点，以表示其重要，希望读者特予注意。这亦是一般报纸所少见，仍不外报纸编辑人感情要求迫切的一种流露。

（二）报纸的编者与读者之间，往往结成了许多同志好友，而亦不免有所结怨。报纸使得社会上有许多人支持它、拥护它，而亦使得一些人怨恨它、咒骂它，几乎像是要形成两大壁垒的样子。

支持拥护它的人就替它推广和宣传。例如：有的人辟设“阅报室”，买来报纸供众阅览，并备茶水座位，不取分文。有的人在街道旁边设立“贴报牌”，让行路人随意停立阅看。还有的设立“讲报处”，为的是有好多人不识字，不能看报就可以来听。在前曾提到王子贞的尚友讲报处即其一。而多数是说书的茶馆改设或兼办。还有自号“醉郭”的一老人，原来流动街头说书卖唱，后来专讲《京话日报》。

至于那反对它、怨恨它的一面，只举出一事可以概见。有一位刘瀛东先生独力出资设立贴报牌 30 处，分布于内外城各通衢要道，屡屡被人推倒砸毁。初时没有好办法，只有自己修复重设。幸得后来巡防局承认保护，哪知依然不行。据 358 号报所载“五城防局赔补报牌”一条新闻内说，30 处报牌经检查被毁的共达 25 处之多。

此外，如一青年热心讲报而被老父知道，不许其讲（见 287 号报）；如有人在路旁广场讲报多日，忽有巡长来干涉不准，并且说出的话很难听（见 717 号报）；如有练勇劈毁报牌并从墙外向报馆内抛砖辱骂[①]（见 351 号报）等等。像这类事情，其不见于报上的当然还多。

在出版届满两周年时，报纸已得畅销，而那篇纪念演说文末还结束说，“但愿从今以后骂报的人一天比一天少，中国可就算进步了”（见 717 号报），足见其时咒骂的人仍然很多。

（三）读者来函和投稿特别多，形成了报纸与读者间一种文字往来，精神交流。有时并且从而发生了实际行动。例如前述之国民捐运动就是这样发生的一桩事。

试更举一小事为例。彭先生因为每值阳历新年各使馆洋兵放假，出

① 清末官府制度复杂而又变更频繁，现在难以记忆。练勇俗呼“看街兵”，似属于五城巡防局，它与五城公所似尚非一事，后来不久皆以改制裁撤。

来纵酒闹事，常常打人，特撰“敬贺各国新年并预告各国卫兵长官”一篇演说，向他们致意劝告（见 135 号报）。结果很好，各国洋兵居然受到约束，东城市面为之平安许多。事后就有崇实学堂同人写信给报馆，称颂致谢。过了不久，阴历年来到，便有人投函报馆说，各王公大臣府第的轿夫马夫等人，每值年节亦是容易闹事欺人的[①]。希望为此再撰一篇演说。于是 158 号报上就发表“奉告各王公大臣左右留意”一文，以应读者的请求。

读者投稿之多，是由于编者欢迎人们投稿，取了一种奖掖态度。只要其稿命意确有可取，稿中有错别字或文句欠通顺，不能自达其意，必替它润色修改登出（注明其经加修改）。最可注意的，是投稿的各式各色人无不有之[②]，而偏以不能文的居多数，大半是识字可以看懂白话报而不大会写的人，质言之，不是知识分子，不属知识阶层。往往这种粗俗不文的人，易受彭先生的感动而胸中有其要吐的话，就来投稿。似此修饰过的来稿，报上常常见。

当然，能文会写的人投稿亦不少，颇有人由于投稿渐熟而经常负责撰稿，变成了报馆内部人一样。那些文字欠通而经修改登出的投稿人，

---

① 当时王公大臣多乘坐四人大轿以至八人大轿或一种特制的大鞍车，其随从则乘马。轿夫马夫往往横暴欺人。戈著报学史所传瞿鸿禨卫兵抢掠者，实为其马夫横行街道闹事之误，其事见 715 号报，恰在报纸被封前不甚久。

② 当时投函投稿的既有商店老板、伙友、小贩、手工人、家庭妇女、少年学生、蒙师、基督教友等人，而亦有那时较上层的人士。更有当时封建制度下所有而今天之所无，甚且今天所不懂得的许多各色人物，例如：“宗室”（清帝室族人）、“世职”（世袭职位者）、“书吏”（各部衙门世传掌档案者，品位低而势力大）、“家臣”（王公府第护卫）、“家人”或“家丁”（府宅杂役）、“侍女”（府宅用婢往往是买来的）以及当兵吃粮饷的。又彭先生一演说中，有“梨园”（伶人）、“勾栏”（妓女）的函稿皆曾登过的话。

又每每来面见彭先生，认老师[①]。

在当时办报既是新鲜事，给报纸投稿更少经验，曾有投稿人询问是否需要付出刊资的。报上答复说，报馆本来应该付给稿费，今无力支付，哪里还有取刊资之说。又于229号报上发表彭先生一篇给投稿人公开的信，信中大意有几点：（1）来稿言论皆有功大众，非止帮我们报馆的忙，打算约期聚会订交；（2）请将姓名、住址、籍贯详细开明，不必隐名或写假名；（3）稿件登报后，有什么是非皆归本报一面承担；（4）千万不要讲些夸奖赞扬本报的话，若是再来夸奖，我只好把原稿焚化成灰，用眼泪和成丸子，吞到肚里去。这末一点是因为来稿每每从赞扬报纸、恭维彭先生说起，而他感触到社会上那些反对的怨恨的情绪之高，再登许多恭维自己的话，反更招嫉忌恼怒，于事有损无益。

投稿踊跃，难以全登，亦且难于估计哪篇何日登出。但又怕久不给登将使投稿人悬望不安，曾用“来稿题名”的办法，选择一批（12件）可用的稿件披露了其论题和撰稿人姓名（见351号报），稿多于此可见。

这样，《京话日报》就成了人民的喉舌——一个公众的言论机关。

（四）以办报发起和推进社会运动，又还转以社会运动发展报纸；把办报与搞社会运动结合起来而相互推进。这是彭先生不自觉地走上去的道路，其报纸后来所有之大发展，全得力于此。

再说明白些：社会运动当然是从其社会存在着问题而来的。有些先知、先觉把问题看出得早而切求其解决，就提出一条要走的路号召于大众，而报纸恰是做此号召的利器。身在问题中的众人响应了这种号召，

① 《彭翼仲50年历史》一书为陈干出资印行。书中有彭撰“弟子陈干事略”一篇，并附有八年前陈对《京话日报》投稿两篇。当年陈正是一个兵丁，是以投稿而认彭先生为师者之一人。

便形成一种社会运动。报纸以运动招来读者，以读者推进运动。以当时存在的问题而论，一面是封建制度的积弊，一面是帝国主义的侵略；其可能走的路，一条是维新自强，一条是大革命。彭先生从其感性认识到的问题，取了切近易行的前一条道路，是适于北京社会乃至北方社会这土壤来滋长发展的。1902 年开创后不到两三年，在北京便声动宫廷，西太后亦要看看这报纸；在北方则东至吉林、黑龙江，西至陕西、甘肃，都在传播[①]。到它报纸被封前夕——1906 年下半年正是其发展的最高峰，而这一发展亦就戛然而止了。

本文至此，要转回来说它这种作风招出来的社会阻力，以致报纸如何被封。

彭先生的报纸既然有所主张，有所反对，好恶爱憎，随事揭露无隐，当然引起了社会上拥护他和恼恨他的两面。后一面即其阻力所从来，可无待言。但有两点还待剖说剖说。

一点是他的不畏强御，招致了权威方面的恼怒忌恨。譬如当时驻在北京的姜桂题军队（属淮军系）是一般商民们最怕的，而报纸屡次指斥“姜军野蛮习气不改”，甚且说到了姜桂题本人。又如当时制度上以兵力统治北京的是“步军统领”，又称“九门提督”，可以随时捕人治罪。而报纸竟以“提督衙门的弊病”为演说题作了长篇大论（见 706 号报）。在此之前，还指责了刑部的积弊。刑部和提督衙门俗号为“南衙门”、“北衙门”，那是极黑暗凶惨可怕的。后来制度渐改，由巡警部直辖内城警厅、外城警厅以统治北京地面，彭先生又去触犯巡警部（详后）。这

---

① 西太后曾遣内侍到报馆传谕说每天要看。当时报上刊出了“进呈两宫御览”字样，两宫指太后和皇帝。

样积恨已久，如何能逃其毒手。

再一点是，彭先生虽只不过倡导维新改良，而在老顽固守旧者却把他混到革命方面去而分不清，问题之落归严重在此。有两个鲜明事例。

有一次内外城各阅报社——如前所说的阅报室、讲报处，此时很发达，统称阅报社，约不下四十个——约期各派代表到“首善阅报社”聚齐，商量为冯、陈、潘、惠四烈士合开一个大追悼会的事①。而届期竟未得聚商，因到场的人太少。查其缘由，是许多阅报社有巡警前来探问查询，又像是通知的样子，说据报革命党进了京，订期2月2日起事，而你们怎么要2月3日聚齐呢？所以吓得许多人不敢到场了。

再一件事是，有一台湾人任文毅，日本名字叫藤堂调梅，偕其日妇到京，经朋友介绍借住报馆内。巡警部的探访局把他认为是革命党首领孙文而捕去了。任文毅原自认为是中国人的，一向不愿做日本人。彭先生根据事实为他力争无效，卒由其日妇诉于日本使馆，还是作为一个日本人而由使馆出面交涉，才得开释。释放的第二天，《京话日报》上登出一行大字：

> 巡警部拿获的孙文已经释放。中国人的事本可自了，而竟作了国际交涉。哭！哭！（见729号报）

虽被捕、营救各事从未见报，除此一行大字外亦不说旁的，而只此一行大字给官府的刺激亦就很够——够他们羞恼成怒的了。

所以等到袁世凯的电报一来（见上文），巡警部马上动手。所以彭、

---

① 见539号报，陈即陈天华，惠即惠兴女士，冯、潘二烈士待查。

杭二人先则同罪，后则异罚。——非借口其他的事加重其罚不解恨[①]。

当时不是没有支持彭先生的那一面人来营救，无奈清廷顽固派总把维新和革命连通一气来看待，难于进言。

报纸的被封，彭先生的得罪是用不着惋惜的。在“它”和“他”不是都已经尽了那时节的历史任务吗。所可惜的是彭先生还不能深刻地认识社会问题，当他二次办报时候没有他认真要搞的一种社会运动在胸中，从而其报纸亦就缺乏生命力。这样，他的报纸亦就办不下去，而彭先生这个人物亦就止于此了。

补记二则

当巡警部命令外城警厅逮捕彭先生时，其内部就有人把这消息送给彭先生。这正是本文一再说过，他是一面遭到一些人忌恨，另一面又获得人们同情的。消息到来，彭先生何以处此呢？据他自记：

> 先一日（1906年阴历八月十一日）友人望桂臣约饮于正阳楼。酒半酣，报馆来人，踉跄奔入，谓：祸将不测，速速藏避，万不可归。余谓辛斋曰：“‘保皇党之结果’发作矣。”盖《中华报》所登保皇党吴道明、范履祥一案标题为“保皇党之结果”也。座中有人献策，嘱急入使馆界暂避，再作计议。辛斋不答。余曰：“平日自命何如？事急而托庇外人，华商之名扫地尽矣！余决不往。”于是置若罔闻，饱啖痛饮，归报馆坐以待捕。久之寂然。12日黎明

① 关于任文毅的事情和后来加重彭先生刑罚的事情，在《彭翼仲50年历史》一书中记述甚详，并附录一些有关文件，今本文一切从略。

> 入城至道胜银行清理账目，不谈昨夕事。又至各债户处问明欠款数目，午前即归。静候至申刻。汪士元（警厅佥事）持传票来，面作哀惜之色，嗟叹无词……（见《彭翼仲50年历史》第47页）

这里见出彭先生的气概、节操和定力，应须补入本文。

又彭先生常常说，他原没有积极要求办第三种报纸的，《中华报》之办起来，是有外因凑成。当1904年秋《京话日报》销路扩大，原有印刷力感到紧张，适有广东人朱淇要举办一个大型报纸叫《北京报》[1]，来与彭先生商量增加机器设备和工人，给他代办印刷。既经签订合同，接受他的委托和资金，乃知他是以“德商”申请登记的，似另有背景。这就与彭先生在思想上不大投契，卒于言语闹翻，取消了合同。而机器设备和技工多人却已从天津到达北京，不能退回。于是自己才加办了第三种报纸，并特定名《中华报》。因他久已厌闻北京市面上把他的报纸呼为洋报，所以要如此定名，而一面恰亦有激于朱某之事而出此。彭先生末后不去东交民巷托庇于外人势力，盖早决定于此时了。——此亦应补入本文。

---

①《北京报》后来在北京出了很久，从光绪末年到宣统年间以至民国初年。

梁焕奎事略*

谨按：笔者我原名梁焕鼎，和梁公焕奎为同高祖的兄弟行。他的曾祖父与我的曾祖父是亲兄弟，原都家居广西桂林。大约在清道光末年、咸丰初年（约公元1851年后），以避乱先后北游。他的曾祖父一家人，路经湖南，就在湘潭落户。子孙辈便成为湖南人。而我的曾祖父则入京会试成进士，宦游北方。我的祖父和父亲，均以桂林籍贯先后在北闱得中举人，从而一直沿袭说为广西人。虽然两地分居，却信息常通。1917年，我且曾入湘奉访。1918年，公更以避兵北来，即聚居我家中，时常叙谈往事。今为此文，大都依据公之口授而来，但难保无疏失。或失在公记忆不清楚，或失在我的

* 选自中国文化书院学术委员会编：《梁漱溟全集》（第七卷），山东人民出版社1993年6月第1版第1次印刷，第506—511页。原文录自《湖南文史资料》1984年10月第18辑，第219—223页。——编者注

记录不明确，大有待于治近代史者采访时加以勘正之。

1981年9月，梁漱溟识。

梁公焕奎，字璧元，一字辟园。生于1868年（清同治七年）。自幼读书好学。十六岁随父宦游南京，尝从邓白香先生学诗，此后雅好吟咏，晚年有自订《青郊诗存》付印。公盖尝于长沙浏阳门外筑有青郊别墅居之云。1887年（光绪十三年），公十八岁，得中秀才。1893年公二十六岁，乡试得中举人，更见才华，有志事功，而此时恰是国家危难之秋。甲午（1894年）中日大战挫败，被迫签订《马关条约》，割地赔款，丧权辱国。于是，在朝在野激起变法维新运动。维新运动固风动全国，而首屈一指必数湖南。湖南巡抚陈宝箴、学台江标、按察使黄遵宪倡导于上，地方士绅熊希龄、谭嗣同、唐才常等多人鼓吹于下，宝箴之子陈三立介居官绅之间，沟通合作，相得益彰。成立南学会，发展及于全省各地。又开办时务学堂，聘梁启超为中文总教习。其后卓有成就的人物，如蔡锷，如范源濂，均常受业其间，真可谓极一时之盛。而在当时，那许多新政设施和社会活动中，辟园公盖都直接间接参与的。例如，兴办新式教育，则受任学务处文案；兴办工矿实业，则受任矿务局文案（后升任提调）。一身兼数职，职位不高，而事属首创，多所辟划。其先受知于陈公宝箴，而其后任俞廉三、赵尔巽两公亦复加倚畀之故。1900年（光绪庚子），八国联军入北京，国几不国。谋国者群趋于出洋考察留学一途。公则建议于省当局，就乡试落第许多试卷中，选拔其可造人才派赴日本留学。此事既为当局采纳实行，即嘱公经理其事，任为留日学生监督，率同所选拔诸生东渡，时为1902年[①]。其后，公赋诗曾有“四载浪游三去国”之句，此应是第一次去国。

公此次所率同东渡者，计有杨昌济、陈天华、刘揆一、石陶钧、朱德裳等多人，而公胞弟焕均、焕廷一并从行。盖公昆仲五人：公居长，其次焕章，字端甫；三弟焕彝，字鼎甫；焕均其四，字和甫；焕廷其五，字硕甫。诸弟以公之教诲提携，各有成就，而在事业上又是协同致力的（见后文）。

当时，清廷为求人才以济时艰，有诏举办经济特科。湘省当局即荐公应征。公亟返国入京赴试。经录取后，命以特用江苏知县，赴南京候补。于是，公携眷离湘移家南京。江苏省当局委任公为金陵火药局提调。今据公当时寄三弟鼎甫家书，颇叹息于官场之腐败。又自言“两目昏翳，寻丈之外不复能辨人眉目，遍求中西医莫得收效”云云。公双目失明，盖肇始于此时矣。曾有意东渡求医，而阻于日俄海战（1904年事），一时未能成行。公自度对于夙昔所经手之学务和工矿实业，犹可从旁致力，遂即返湘。此后，公为病目而亟需求医东渡，又不能忘情湘中建设事业而留滞国外。约于1905年去国外求医，翌年夏，由日本返回长沙。此时，双目失明已是定局，而公之年方三十九耳。

如众所知，当时国人激于国难严重，既有康、梁倾右的君主立宪一派，又有孙、黄倾左的暴力革命一派。两派活动多集于日本东京。而公盖三度旅游其间，处此问题之态度如何乎？公昔日旅东言行今无

① 据朱德裳（师晦）《癸卯日记》卷首载：“光绪二十九年正月，为日本之行。”光绪二十九年正月，即1903年2月。

可考。然其在湘亦有几件行事，可资旁证：一是公尝因周道腴（震鳞）先生困于南洋某埠，即以二千元相资助。此一事，1950 年周老在北京曾亲口为笔者言之。又一事，1964 年 3 月，笔者曾闻章行严（士钊）先生谈及，昔年公主持长沙实业学堂教务，聘张溥泉（继）等诸先生为教员。章本人亦在应聘中；公发现他年轻，劝他宜求学深造，不必当教员。他接纳忠言，遂即东渡求学云。于兹可注意者，周震鳞、张继，皆革命派著名人物。公既与之为缘矣，则公未尝倾右而拒左可知。

凡熟知清季汲汲奔走救国那许多人物事迹者，都晓得其间倾左倾右初未尝判然两途。孙中山先生不曾上书李鸿章乎？不曾与梁任公交往洽谈合作乎？又如唐才常，既曾在长沙热心维新运动于前，卒乃以投身暴动而被杀于后。类此事例不胜举。当然，末后此两派是水火不相容的。但若认为根源在阶级立场各不同而来，则昧于中国社会之组织结构，不衷于事实之谈，终且无以自圆其说。

旧日中国，是“一人在上，万人在下”的局面。士、农、工、商四民，贫富贵贱，上下升沉不定；流转相通，阶级分化不明不强。海通以来，资本与劳工两阶级，乃渐萌见于一些工矿企业间，其起因：则洋务运动意在为国兴利，而落于剥削劳工遂无可免者。辟园公五兄弟，以经营华昌锑业公司起家致富于一时，即为此事例之一。其事未容殚述，却必扼举其要。于此，言其端要有三：

（一）1908 年，华昌锑业之跃然兴起，盖原于购得法国赫伦士米提炼纯锑的新技术。而此事则公之三弟鼎甫游学欧美寻访接洽以成者。公于双目失明后，一意培植诸弟学业，俾以共成其事业。诸弟资质个性不同，二弟端甫忠厚稳重，则以任板溪驻山经理，督饬工人群众；三弟鼎甫勤恳好学，则以出国求取技术新知；四弟和甫治事精干，才略不凡，则以任公司总经理；五弟硕甫年轻，通习英语，则以任驻美国办事处，掌握国际贸易情况（此职其后由姻戚李国钦继任之）。

（二）价购法人炼锑新技术所需巨资，则全赖当时江南、河北、湖广、山东各省当局大力协助以成其事。而奔走联络其间者，则公之挚交杨皙子（度）。华昌既从国外购此项专利权，特呈请当时清廷立案予以保障。而其后业务发达，获利丰厚，则在清帝退位转入民国之时。但为报偿前此各省协助款项，特以二十五万元缴交中央农商部为调查各省地质经费。凡此用心行事，在官在商，皆有为国兴利之意存乎其间，不犹是当年维新运动之流风余韵乎！

（三）华昌公司走上西洋资本家经营企业之路而好景不长，趋于衰败者，其内外缘由复杂多端。锑价始因1914年欧战军需而上升获利，公司方在投资大事扩充各项工程设备，而不料想战争息止，锑价遽跌，自陷于困境。又所委任之驻美经理，窃权巧图私利，而以跌价亏损归之公司。至于湖南适当南北交战要冲，其所受各方勒索、时局纷扰之累者，又不待言。辟园公昆仲，原是中国式的书生，不是西洋资本家一路人，其劳倦思退有必然矣。

公病目失明后，行动不便。而时局颇多扰攘。1911年（辛亥革命）曾避兵宁乡，迄于1913年始还长沙。1917年，复以衡山北洋军溃退而避乱汉口市区。翌年即携眷北上，聚居在我家中。一年后，始返湘安居。又于1928年出游沪上，漱溟适亦因事从广州抵沪，幸得一聚。不意次年公游息庐山小天池，遽尔逝世，享年六十有一。遗嘱殓以僧人服装，盖公精神上皈依佛法非一朝夕。早在1918年京寓时，常嘱漱溟共诵读楞严经以为日课者，曾一月有余也。公配曾夫人，与公伉俪甚笃，先三年（1926 年）既故于长沙。夫人所生唯二女，长培肃，次培怿，皆聪明好学，顾未有子。1909 年春，三弟鼎甫新举一子，公夫妇即引以为嗣，命名培伟，由夫人鞠育之。其后，鼎甫又有丧明之痛，遂由培伟兼祧。今者，培伟既成立矣，其立身行事不负先世令名。

我国锑矿开发的先驱者*

——梁焕奎五兄弟与华昌炼矿公司

1938年1月我初访延安，第一次会晤毛泽东主席时，他曾问我："据闻你是广西人，怎么又和湖南湘潭梁姓是一家呢？"这里所说"湘潭梁姓"，就是指我的族兄梁焕奎兄弟一家。焕奎兄字璧元，是杨昌济（怀中）老先生的恩师。杨老先生当时与我同在北大哲学系任教，常去看望那时（1918年）暂住于我家（崇文门外缨子胡同）的焕奎兄，而此时毛公又借住于杨老先生寓所（鼓楼豆腐池胡同），想必是因此有所耳闻，遂产生以上的疑问。

---

* 选自中国文化书院学术委员会编：《梁漱溟全集》（第七卷），山东人民出版社1993年6月第1版第1次印刷，第613—621页；原文1986年由梁培宽整理，录自《人物》，1987年7月，第四期。——编者注

焕奎五兄弟与我

我原名焕鼎，和焕奎五兄弟为同高祖的同族兄弟。我们祖上世居广西桂林。1851 年举家北移，焕奎兄的曾祖在湖南湘潭落户，于是成为湖南人；而我的曾祖则宦游北方，先在桂林得中举人（当时录取举人按省分配名额），后在北京中进士，但仍沿袭为广西桂林籍。北京湘潭相距虽远，但两家来往联系未曾中断。

1917 年 7 月我与沈衡老（钧儒）在司法部同任秘书后，曾有机会去湖南长沙看望他们一家。这时焕奎兄已年届五十，而我二十四岁。焕奎兄一家当时住长沙浏阳门（东门）外自置的名为“青郊”的别墅内。别墅占地不小，内有楼，名“平远楼”，可远眺长沙城南；楼后为小山丘，上有桔林；有荷花池；有桂花两大株，当时正逢盛开时节，香溢满园。我在此逗留了三个多月之久，10 月初，直系军阀段祺瑞以“出师剿灭”护法军为名，进军湖南，至衡山一带后，因内部矛盾，部队将领王汝贤、范国璋通电停战，主动北撤，从此湖南政局不稳，治安混乱，人心浮动。为了避难，焕奎兄一家先去汉口，又迁北京，借住在我家一年多。我也于此时返回北京。于是我又常得与焕奎兄时时晤谈，因而得知不少有关他们兄弟五人——焕奎（璧元）、焕章（端甫）、焕彝（鼎甫）、焕均（和甫）、焕廷（硕甫）从事湘省锑矿开发事业的事迹。

湖南锑矿的发现　久通公司的建立

我国锑矿蕴藏丰富，居世界前列，而湖南锑矿储量在国内又首屈一指。据焕奎兄之长女培肃所写的《湖南华昌炼矿公司经过事略》（《湖南实业杂志》178 号）记载：1896 年（光绪二十二年）湖南巡抚陈宝箴姻家刘鹤龄，以他在安化、溆浦一带田庄所产不知名矿石出示，后送汉口外商亨达利洋行化验，确认为锑矿，并从此由该行收购。随后又发现新化、益阳、安化、沅陵等县境内锑矿数十处。当时（即甲午中日之战的 1894 年）巡抚陈宝箴正热心于维新运动，积极推行兴办实业和设学堂等新政，于是决定在长沙设矿务局，任命焕奎兄为该局“文案”（秘书）。这时焕奎兄二十五岁，正当他中举后一年。不久又升为“提调”（秘书长），负责筹划全省矿业开发事宜。可以说这是焕奎五兄弟参与湘省采矿事业的开端。

当时已查明的锑矿中以新化蕴藏量为最多，品位也高，而在新化境内各矿又以锡矿山（地名）为最多，约占当时全省已探明储量的三分之二。益阳、沅陵等地矿砂品位则较低，其中益阳境内官办板溪矿开发较早，因久未获利，于 1899 年（光绪二十五年，即义和团“庚子之乱”前一年）招商承办。焕奎兄弟于是接办了益阳板溪矿，创立久通公司，由二弟焕章为驻矿经理，从事管理工作。这是焕奎兄弟直接经营锑矿业的开始，它为日后创建华昌炼矿公司打下了基础。

板溪矿距益阳县城约 200 里，矿砂品位不高，含锑 20%—30%，但储量大。当时为了降低运输成本，久通公司在距矿山 50 里的沾溪设厂，用土法冶炼后外运。土法只能将矿砂炼成“生锑”（硫化锑）。“生锑”按规定又由官方统一收购。再加开采愈久，矿场距炼厂愈远，运输成本不断增加，所以当时久通公司利润有限，无力扩大再生产。至 1906 年，锑价开始上涨，利润增加，焕奎兄弟于是有改用新法炼锑的打算。

杨度支持购得法国专利　久通改组为华昌炼矿公司

焕奎兄在从事矿业多年之后认识到：“国家富源在尽地利，而地利在矿，开采矿利在得人，非先作育人材，无以阐发地藏。”（见为梁焕奎所作之《哀启》）他在参与湖南实业学堂工作的同时，注意培养他的几个弟弟，使他们能从事矿业开发工作。三弟焕彝、五弟焕廷先后送往国外学习。1902 年焕彝先去日本、美国，1906 年又转至英国，进入伦敦矿业专门学校。在该校学习期间得知法国有一名为赫伦士米的冶炼厂，采用一种炼锑新法，于是偕王宠佑博士前往巴黎，了解到此法对冶炼低品位锑矿砂最相宜，是当时最好冶炼方法，如久通益阳矿能采用之，生产定可改观。但专利要价极高，非出重金，不能到手。焕彝急忙将此消息函告国内，要求尽快做出决断。焕奎兄及其四弟焕均虽然极想购得此项专利，但限于久通公司的财力，无法实现采用新法冶炼的计划。

恰好杨度先生此时由北京回到湖南。杨度为湖南湘潭人，与焕奎兄同乡，又是挚交，关系不同一般。记得焕奎兄 1918 年来京借住我家时，杨度先生即曾来我家看望过他，而焕彝来京时，又常借住于杨度寓所。当杨度先生从焕奎兄处听到购买专利的种种情况后，认为此机会不可错过，如能获得此专利，不仅有益于久通公司，而且将对湖南省经济发展甚为有利。因此表示愿全力支持。杨度首先向湖北总督赵次珊借得银元五万，先汇往巴黎作购专利预付款，随后又向军机大臣袁世凯、直隶总督端方和山东巡抚袁树勋等，筹得十一万，部分用于补足购买专利款，部分供按专利设厂之用。久通既获得了专利，又增加了资金，生产规模势必扩大，于是决定将原来的久通公司扩大，改组为华昌炼矿公司，而从此时（1908 年）焕奎兄弟所从事的锑矿开发事业也开始进入了一个大发展时期。华昌之创建得杨度之助实多，因此以干股五万元赠杨度，后来杨又陆续投资，共拥有股金二十万，成为华昌一大股东了。

焕彝购得专利后，又在英、法采购机械设备和冶炼炉等，然后与王君宠佑及一法国机械师回长沙，在南门外西湖桥按专利建厂，设各种冶炼炉数十座。从此，三弟焕彝就成为公司技术方面的领导者。为探矿，他常奔走于深山穷谷之中。益阳境内矿场采掘工程全部机械设计，更由他朝夕指导，建设而成。后来铺设由板溪至桃花江的轻便铁道，也全在其主持下进行。还应附带提及，焕彝曾深入湖南宜章发现安源之锡矿，又跟踪向东，发现瑶岗之钨矿，更沿五岭山脉至江西境，于大庾发现丰富钨矿。据他所著《生平略历自述》中记载：“瑶岗钨矿实由余用化学乾试法鉴定于始，李炳麟（即李国钦）在美证明于后，华南一带始有钨矿之名。”可见我国首先发现钨矿者，当推焕彝为第一人。至 1935 年他曾受聘于当时国民政府之资源委员会，协助大规模开采钨矿的工作。

华昌公司创建后，因技术改进，业务发展，在长沙设立总公司事务所，下设冶炼、化验、水电、修理、翻砂、航运各部，机构复杂，组织庞大，全部员工达数万余人。焕奎兄因早自 1905 年即患眼疾，至 1908 年华昌创建时，眼疾更加重，于是公司总经理一职由四弟焕均出任，负责领导全公司事务。为了便于焕均出入官府，代表公司进行联系交涉，我曾听说他们向清廷吏部纳银万两，为他捐得一个二品衔候补道（二品衔方可戴红顶子）。

1914 年欧战爆发　华昌公司大发展

长沙建成之华昌新冶炼厂竣工后，益阳板溪矿所产矿砂全部运长沙用新法冶炼，从此不再以生锑出口，而且所炼纯锑质量一流，在国际市场上颇有竞争力。同时华昌在购得法国专利后，向清廷商部奏准立案，自 1909 年起十年内任何外商、官商及私商均不得采用此项专利设厂，从而取得独家新法冶炼全省纯锑的特权。当时省内小公司甚多，锡矿山一地即有采矿公司百余家，炼锑（生锑）厂三十余家。这类厂家所产生锑均由华昌炼为纯锑。辛亥革命后，湖南实业司呈请工商部，欲取消华昌此特权。1913 年杨度曾就此事致电工商部说：“……度于华昌宗旨，求统一不求垄断。若不统一，必如曩年散漫相倾，为外人所乘，……唯有由部责令华昌，包炼全省锑砂成纯，……”（转引自《杨度集》，原载《大中华民国日报》，1913 年 1 月 16 日）于是又得延长此项特权。由于华昌拥有当时最好冶炼技术，规模最大，又享有此项特权，公司在湘省矿业界地位最高。1912 年在天津成立之“中华矿务联合会”，参加者有六大公司，其中即有华昌（其余五家为开滦、汉冶萍、临城、井陉、中兴，见《杨度集》）。

1914 年第一次世界大战爆发，因为当时军火生产及军需储备的需要，欧美各交战国争相购进，锑价扶摇直上。次年锑价更暴涨，华昌盈利随之猛增。而且在此之前，因外销全由英商廓克逊代理，利润落入外人之手不少。待大战起，华昌借口英商难于如期付款，废除了其包办外销合同，改在纽约设立分公司，由曾留学国外之五弟焕廷出任经理（后由其姻亲李国钦继任；李由华昌资助于 1910 年送英国学习矿业，1914 年毕业后即在华昌任职）。同时又在欧洲各国设代销处，从此外销大权全部自理。由于上述种种有利条件，华昌业务繁荣兴旺，盛极一时，可以说进入了它发展的巅峰时期。1916 年获纯利竟多达 120 万银元（见《湖南华昌公司报告》，转引自《湖南省志》第一卷）。当时之长沙城南一带，可以说是华昌的天下，“机声喧扰，烟突林立，厂屋房舍，鳞次栉比，湘江沿岸，火轮电艇，络绎于途，无非皆华昌所有，景况之盛，规模之大，可见一斑”（引自《梁公鼎甫传略》）。华昌成立之初在领得清政府补助银款时曾奏明“俟营业发达再报效国家”，现在公司利润大增，于是在 1916 年 7 月将此款缴还民国之农商部，了清了杨度经手的公司一笔大债务。

1918 年大战结束　华昌公司走向衰落

后来新化锡矿山所产矿砂量日多，当地矿商因远道运长沙冶炼不便，同时又有人创造了一种土法炼纯锑的技术，至 1915 年采用此法之小厂已达数百家之多，于是华昌不得不同意矿商就地自炼，只是规定所产纯锑仍用华昌双环商标出口。华昌原来独享之新法冶炼权从此开放。而待大战结束后，又有德商多福公司等设厂在锡矿山用改进之新法冶炼。在此种形势下，华昌更是只有统办出口业务的权利了。

但直接影响华昌事业的重要原因是大战结束，国际上军需纯锑量锐减，锑价一跌再跌，而公司的开支反而增加。这是因为湖南绅商各界见华昌一度利润丰厚，均欲染指，纷纷要求入股，公司迫于压力，只好扩股（1916 年由原来的 96 万扩至 300 万银元），公司机构随之膨胀，冗杂人员充塞，办事效率降低所致。再加驻纽约经理李国钦及国内公司中有人监守自盗，均促使公司处境日窘。

又由于国内连年政局不稳，军阀混战，而湖南这一军事要冲，向为兵家必争之地，多次沦为南北之争的战场，产多业大的华昌在生产上既不能不时时受战事的影响，在经济上又难免成为征派勒索的对象。

由于上述种种原因，兴盛一时的华昌日趋衰落，锑产量由 1917 年的 8200 吨，骤减为 1918 年的 4200 吨。至 1920 年华昌炼矿公司已是债台高筑，寸步难行，矿场与冶炼厂全部停顿。次年经股东大会决定，不得不变卖部分产业，偿还债务。债主以长沙债团为最多，后即由他们另行集股，缩小范围，继续经营板溪矿，而华昌只能以部分产业入股，分得半数利润，用以偿还未了债务。至1927年，华昌终于因破产而倒闭。

华昌兴衰史的简略回顾

我国一些现代史的著述指出，中国民族工业在中日甲午之战以后有了初步发展。例如我国著名的轻工业的先驱者张謇，他所创建的南通大生纱厂即成立于1899年。而华昌之前身的久通公司也于是年开办。又例如，华昌炼矿公司创立之时（1908年），也正是盛宣怀向日本借款，将汉阳、大冶两铁厂与萍乡煤矿合并，成立著名的汉冶萍公司，并由官办改商办之日。这当然都不是一种巧合，而是由共同的历史背景造成的。

至一次世界大战期间（1914—1918），由于帝国主义忙于战争，放松了对我国的侵略和掠夺等原因，我民族工业获得空前发展，因此有人称之为是民族工业的“黄金时代”。及至大战结束，帝国主义卷土重来，以及我国国内政治动乱等影响，自1922年以后，民族工业转而陷入停滞、萎缩和危机之中。回顾焕奎五兄弟所经营的华昌炼矿公司，由创建（1908年）至倒闭（1927年），前后20年大体上也走过了这样的兴衰历程。它于创建之初，由于在资金上得到官府的支持，在技术上引进了国外先进专利，因而在湘省并在全国矿业界崭露头角。待一次大战爆发，华昌事业迅猛发展，仅两三年间即达到了它的巅峰时期。但好景不长。待大战结束，即转趋衰落，虽力图挽回颓势，仍终以破产倒闭作为华昌炼矿公司的最后归宿。

上述焕奎五兄弟从事我国锑矿业的种种情况，部分系我耳闻于他们兄弟，部分根据其亲属的回忆或记录，并参考了一些所能得到的资料，错误或遗漏之处在所难免，但其中所记述者或可有助于研究近代中国民族工业史人士的参考。有心于此的研究者，如能进而做些调查考证，加以核实、勘误和补充，将是一件有意义的事。另外，我曾写有《梁焕奎事略》一文，刊载在《湖南文史资料选辑》第 18 辑（1984 年），可供参阅。